삶의 모든 순간은 나를 위해 찾아온다

공적이든 사적이든 모든 일은 영원한 질서가 이끌어 가지.

그러므로 모든 것은 용감하게 견뎌내야 하는 거라네.

그것은 흔히 생각하듯이,

모든 것이 우연히 일어나기 때문이 아니라네.

모든 것은 찾아오는 것이거든

-세네카-

뿌리의 외침

화원에서 작은 화분을 샀습니다. 물컹물컹한 갈색 플라스틱 화분에 담긴 아이비를 집에 있는 큰 화분에 옮겨 심고 싶었습니다. 두 손으로 화분을 감싸 쥐고 힘주어 누르니 흙과 한 덩이가 된 뿌리가 툭 하고 떨어져 나왔습니다. 화분 모양대로 엉킨 수많은 가늘고 긴 뿌리가요. 여린 잎 아래로 맹렬히 휘감긴 뿌리의 존재감에 소름이 돋았습니다. 땅에서 자랐으면 쭉쭉 뻗어 나갔을 가늘고 여린 뿌리가 작은 공간 안에서 생존을 위해 얽히고설켜 있었습니다. 자신도 인식하지 못하는 사이 화분의 틀에 순종한 채로 말입니다.

그 순간 베란다 창문에 비친 내가 보였습니다. 빨간 손바닥의 목장갑을 낀 채로 아이비를 뿌리째 들고 있는 나는 더 이상 여리고 작지 않았습니다. 굵은 기둥으로 버티고 가지를 뻗어 올려 꽃을 피우고 열매를 맺은 나무처럼 단단해 보였습니다.

화분의 모양에 따라 갇히고 규정지어져 뿌리 끝이 어디로 가야 할지 찾지 못해 엉켜 있을 때도 나는 화분 구멍 밑으로 뿌리를 내밀었습니다. 이롭고 의미 있는 것을 향해 뿌리를 더 길게 뻗고 있었습니다. 그리고 이렇게 외치고 있었습니다.

"이제 나는 나를 더 키울 거야.
나에게 한계를 주는 인식의 공간에서 나를 풀어줄래.
엉키고 상한 뿌리를 정리해 스스로 성장할래."

아버지의 불면증을 관통한 나의 뿌리들을 한 꺼풀씩 벗겨 햇빛 아래 내놓는 것은 용기가 필요한 일이었습니다. 다른 작가님들의 내밀하고 농밀한 이야기를 읽으며 울고 웃었습니다. 그 과정을 통해 내 이야기를 써야 한다는 내면의 소리가 저를 쓰게 했습니다. 상처 난 뿌리를 가진 사람의 성장 이야기를요.

작은 화분 안에서 한계를 설정하지 않고 스스로 화분의 틀을 깨고 나와 엉킨 뿌리를 풀고 뻗어 나가는 것.

뿌리가 잘리고 상처가 생길지라도 상처를 아물게 하고 잘린 뿌리가 다시 자라게 하는 것.

나의 가장 솔직하고 연한 부분을 단단하게 만드는 것.

그 모든 걸 가능하게 하는 건 나 자신뿐이었습니다. 쓰는 일은 조금씩 성장하는 나를 만나는 과정이었습니다. 작은 화분이 있었기에 더 강하게 뻗어 나가려는 힘을 가질 수 있었습니다. 상처 난 뿌리 덕분에 지속적으로 성장하려는 의지가 생겼습니다. 결국 뿌리가 가진 힘은 '나'라는 세계를 온전함으로 이끄는 원동력이 되어주었습니다. 성장을 이야기하는 이 책이 독자분들의 마음속 뿌리가 더 깊이 뻗어 나갈 수 있는 힘이 되길 바랍니다.

과거가 내게 준 정신의 신성한 이슬

선(善)을 담은 행동은 또 다른 선을 보태고 선의 눈 뭉치는 처음 눈을 뭉쳤던 사람에게로 굴러온다는 진리를 믿는다.

내 이야기를 브런치스토리에 연재하고 있었을 때 제안 메일이 왔다. 제안 메일이 왔다는 알림은 내용을 확인하기도 전에, 마음을 비눗방울로 만들어 둥둥 떠다니게 했다. 확인해 보니 어린이들을 후원하는 비영리단체에서 보낸 메일이었다. 엄마와 나의 이야기가 감동적이라며 행복을 전하는 이야기 코너에 싣고 싶다고 했다.

어떤 순간이든 처음이 주는 설렘은 당도 높은 과일즙처럼 달콤하다. 처음으로 외부에서 받은 원고 청탁 메일은 내 삶이 대단히 쓰이는 삶이 된 것처럼 활력의 끝에 난 구멍에 강력한 바람을 불어넣었다. 글을 보내고 쓰는 삶이 쓰이는 삶이 되고 있다는 기쁨에 젖어 하루하루 써나가고 있었다.

글을 보냈다는 사실도 잊고 지내던 어느 날, 해당 글에 라이킷이 눌러졌다. 처음에 의아해하다 이후에 내 글이 누리집에 업로드되었다는 걸 알게 되었다.

내 글이 비영리단체 누리집에 실렸다는 소식을 엄마에게 전하며 링크를 보내드렸다.

며칠 뒤 엄마에게서 카톡이 왔다.

"ㄴㄴ, ㄷㄷ"

스마트폰 조작에 서툰 엄마가 링크로 들어가기 위해 화면을 누르고 있는 게 분명했다. 엄마의 손은 엄마의 의도대로 화면에 전달되지 않아 의미 없는 자음을 보내고 있었다.

마치 엄마의 마음을 어떻게 표현할지 모르는 지난날을 말하는 것 같은 "ㄴㄴ"이라는 자음은 내게 엄마의 마음을 표현해 주고 싶은 욕구를 불러일으켰다.

몇 시간 후 엄마에게서 글을 잘 읽었다고 전화가 왔다.

"좋더라. 내가 표현력이 부족해서 이렇게 밖에 말을 못 하겠는데 그냥 좋더라."

"어떤 부분이요?"

엄마는 더 자세한 독후감을 내놓으라는 딸의 요구에 한마디를 보탰다.

"그냥 전체적으로 다! 가슴이 후련하더라. 누가 내 마음을 이렇게 잘 알고 잘 써주겠노. 우리 딸이니까 써 주지.

내가 하고 싶었는데 말로 표현 못 하는 걸 글로 써주니까 정말 가슴이 후련하더라."

"그럼, 내가 엄마 마음의 통역사네요."

나의 쓰는 행위를 더 그럴듯하게 포장해 지금의 기쁨을 윤택하게 만들고 싶은 작은 욕심이 '마음의 통역사'라는 말까지 하게 했다.

"맞다. 우리 딸이 엄마 마음의 통역사다."

내 글이 엄마가 흘려보내고 싶었던 과거의 시간으로 거슬러 올라가게 하여 현재 시간의 결마저 거칠게 할지 모른다고 생각했다. 그래서 책을 출간한다 해도 부모님께는 알리지 않을 작정이었다. 나중에 돌아가시기 직전에 이런 책을 썼다고 언질이라도 드릴까, 먼 미래의 고민으로 남겨두고 있었다.

'브런치' 글 모임에서 서로의 글을 합평할 기회가 있었다. 그때 아버지와 관련된 글을 소개했고 아버지께는 이 글을 비밀로 하겠노라고 했다. 그때 작가님들이 말했다.

"이 글을 부모님께 안 보여드리면 아마 후회하실 거예요."

"이 글에는 미움이나 원망이 없어요. 사랑이에요. 아버님도 분명히 그렇게 느끼실 거예요."

그 말에 용기를 얻었을까, 아니면 나의 글이 누리집에 실렸다는 걸 엄마에게 자랑하고 싶은 마음이었을까, 나는 선뜻 엄마에게 그 글을 보냈었다.

"네가 저번에 보내준 글 읽는 재미에 푹 빠졌다. 매일 읽고 있는데 읽어도 읽어도 좋다."

일주일쯤 지나고 엄마가 내게 말했다. 엄마는 요즘 작가가 된 것 같다고 했다. 우리 딸이 글을 쓰니 드라마를 봐도 저 작가가 '저 장면에서 왜 저렇게 표현했을까'라며 작가의 의도를 생각하게 된다고 했다.

내가 품은 이야기를 자연의 노트 위에 펼쳐 놓았다. 내가 글을 쓰는 시간과 공간은 나만의 자연이었다. 하얀 노트는 자연이 내게 준 선물이었다. 나는 자연 앞에서 마음 속 이야기를 감추지 않고 드러내었다. 검은 잉크는 의미가 되고 의미 한 방울은 햇빛에 빛나는 풀잎 위 이슬이 되었다. 나는 다시 그 이슬을 먹고 자라는 들풀이 되어 자연 속에서 강해졌다.

지난 어버이날 아버지를 뵈러 갔을 때 아버지께 감사하다고 말했다.
아버지의 불면증이 나를 쓰는 사람으로 만들었다고.
어린 시절 아버지의 불면증과 함께 자라지 않았다면 나는 이렇게 치열하게 쓰는 사람이 되고 싶지 않았을 거라고.

지나온 시간에 새로운 시선을 담는 글을 쓸 때마다 내 정신에는 신성한 이슬이 하나씩 맺는다. 그 작은 이슬의 표면장력이 뭉쳐 제법 커다란 물방울이 되어 가는 것을 세상을 대하는 평온한 마음에서 느낀다. 봄이 되면 늘 피는 꽃처럼 가을이 되면 늘 지는 낙엽처럼 일상에 왔다가 시간 속에 사라지는 수많은 순간을 글로 남긴 순간, 글은 나에게 신성한 이슬이 되었고 영혼의 샘물이 되었다.

"

**지나온 시간에 새로운 시선을 담는 글을 하나씩 쓸 때마다
내 정신에는 신성한 이슬이 맺힌다.**

내 세계의 벽이 깨진 날

내 기억 속 유년 시절 어디쯤 아버지가 불면증에 걸렸다는 사실을 알게 됐다. 불면증이 정확히 뭔지 몰랐지만, 아버지를 보고 들으며 짐작했다. 불면증에 걸리면 잠을 못 잔다는 걸. 해군으로 복무하던 아버지가 한 달씩 출동을 나가면서 배에서 불면증을 얻었다는 얘기를 누군가에게 들은 것 같다.

그 후로 긴 시간 동안 아버지가 겪는 불면의 밤을 지켜보며 내 기억은 사실과 상상을 넘나들었다. 내가 사실이라고 생각한 것이 상상이었는지, 상상이라고 생각한 것이 사실이었는지 경계가 흐려졌고 애써 바로잡으려 하지 않았다. 때로는 정확한 사실보다 다정한 상상이 자신을 더 보호할 때가 있다. 어린 나에게는 아버지가 불면증을 얻게 된 경위를 정확히 아는 것보다 아버지에 대한 애틋함을 가지는 것이 더 의미 있었다.

당시 우리 가족이 살던 집에는 철제로 된 초록색 대문 앞에 열 평 남짓한 작은 마당이 있었다. 마당은 세로로 길었는데 왼쪽에는 벽돌 크기의 반질반질한 갈색 타일로 장식된 벽이 있었다. 햇빛이 쨍한 날이면 데워진 타일에 손바닥을 데고 태양의 온도를 느꼈다. 나 홀로, 때론 친구들과 가장 많은 시간을 보내는 놀이터였다. 어느 겨울 아침, 일어나 보니 타일이 군데군데 깨져 있었다. 하루아침에 내 놀이터에 일어난 파괴가 혼란스러웠다. 그날, 내 세계를 감싸고 있던 아름답고 단단하던 벽도 깨졌다.

기침감기가 찾아왔다. 낮에 심하지 않던 기침은 깊은 밤이 되면서 견딜 수 없게 작은 목구멍을 간질였다. 어둠을 덮고 누워 나는 더 자주, 더 크게 기침을 뱉어야 했다. 엄마는 부엌에 딸린 작은방으로 나를 데리고 갔다. 목이 간지러워 기침이 나올 때마다 엄마가 나를 꼭 껴안았다. 나를 안은 엄마의 품이 아빠의 잠을 깨우지 않게 참으라고 말하는 것 같았다. 엄마의 온기가 나를 데우며 기침을 삼켜보라고 전하고 있었다. 나마저 아버지의 잠을 방해하고 싶지 않았다. 그날 밤, 나는 세상에서 가장 작게 기침하려고 애썼다.

시간이 얼마나 흘렀을까. 건넌방에서 들려오는 아버지의 코 고는 소리에 나는 가슴을 쓸어내렸다.
'내가 아버지를 지킨 거야.'
깨진 내 세계의 벽을 내 힘으로 조금 쌓아 올린 기분이었다.

내 세계가 나를 쓰다듬었다. 내 세계를 지켜주려 했던 엄마의 마음이 있어 겨울은 길지 않았다. 기침이 나올 때마다 나를 안아 주던 엄마의 따뜻함이 있어 겨울은 춥지 않았다.

하나의 얼굴에 여러 표정이 존재하듯 인생의 얼굴에도 여러 표정이 존재한다. 그날 어린 나는 인생의 표정은 감정에 의해 바뀌는 것이 아니라 결심에 의해 바뀐다는 걸 스스로 증명했다. 부엌방 한구석, 엄마 품에 안겨서 기침을 삼켜야 하는 밤에 아버지를 밤의 그림자로부터 지켰다는 사실에 안도했다. 내 인생의 표정을 결정짓는 나의 시간과 공간은 내 결심에 따라 달라지는 상대적인 것이었다. 나는 삶의 한 장면이 내게 들려주려는 메시지에 귀 기울이려 애썼다.

행복하고 존엄한 삶은 내가 결정하는 삶이다.

어느덧 내가 그날 밤의 아버지 나이가 됐을 때, 아버지와 겪었던 수많은 이야기를, 그때 느낀 감정과 결심을 글로 쓰고 싶다는 욕구가 불처럼 일었다. 내 이야기를 쓰고 싶다는 갈망이 결국 나를 쓰는 사람으로 만들었다. 아버지의 불면이 있던 밤은 내 세계의 벽이 깨진 날인 동시에 내 세계의 벽을 쌓아 올린 날이었다. 나 자신이 되어가기 위한 존재의 날이었다.

---

* 자기 결정, 페터 비에리, 은행나무, 2015

"

하나의 얼굴에 여러 표정이 존재하듯
인생의 얼굴에도 여러 표정이 존재한다.
그날 어린 나는 인생의 표정은
감정에 의해 바뀌는 것이 아니라
결심에 의해 바뀐다는 걸 스스로 증명했다.

일곱 개의 행성 일곱 번의 이사

내 기억이 닿는 여섯 살부터 고등학생까지 14년 동안 우리 집은 일곱 번의 이사를 했다. 평균적으로 2년에 한 번씩 집을 옮긴 셈이지만 세 번째 집에서 5년을 살았으니 대부분 1~2년을 살지 못하고 옮겨 다녔다. 우리 가족이 이사하는 이유는 단 하나였다. 아버지의 수면을 방해하는 소음이 없는 곳, 밤이 되면 무음의 진공 상태인 곳을 찾는 것이었다.

공기가 없는 우주에서나 소리가 없을까. 지구의 작은 마을 어디에서나 물질의 진동은 공기를 이용해 아버지의 귓바퀴까지 소리를 전달했다. 보이지 않는 유니콘을 찾아 떠나는 사람들처럼 우리 가족은 아버지의 숙면을 이루어줄 유니콘을 찾아 우주여행을 시작했다.

초록 대문과 갈색 타일이 있던 첫 집은 항상 친구들로 북적였다. 옆집에 사는 동생도, 앞집에 사는 언니도, 옆방에 살던 이모도 모두 나의 친구였다. 도롯가에 있었던 초록 대문 집은 친구들이 찾아오기도, 놀러 오기도 좋은 곳이었다. 그 점이 문제였다. 자동차의 소음, 불빛, 행인들의 웅성거

림은 아버지의 잠을 방해했다. 얼마 되지 않아 아버지는 인적 드문 동네의 갈색 대문 집으로 우리를 데려다 놓았다. 항상 친구들로 붐비던 집에서 아는 사람 하나 없는 집으로 이동해 우두커니 서 있었다. 지구의 숲속에서 행복하게 뛰어놀다 일순 갈색 흙만 보이는 낯선 행성에 떨어진 것 같았다. 놀 것, 즐길 것, 친구가 가득하던 놀이터는 사라지고 황량한 사막만 눈앞에 펼쳐졌다.

가끔 엄마와 한글 공부를 하는 게 유일한 낙이었다. 혼자 보내는 시간이 많을수록 빛을 내던 나의 별은 조금씩 반짝임을 잃었다. 두 번째 갈색 대문집의 추억은 많이 남아있지 않다. 새벽녘 교회 종소리가 커서 1년도 되지 않아 또다시 이사했기 때문이다. 초등학교에 입학하고 얼마 되지 않았을 때였다.

세 번째 행성은 7번의 이사를 하며 가장 오래 살았던 안식처이자 천국 같은 곳이었다. 우리 집 건물의 서너 배 크기의 마당이 있었고 엄마는 마당에 난 길을 따라 채송화를 심어 놓았다. 화단이 있는 마당에 사는 건 참 행운이었다. 아침에 일어나면 흙을 뭉치고 풀을 뜯어 소꿉놀이를 했다. 친구들과 매일 우리 집 마당에서 비석 치기를 했다.

나의 천국은 아버지에게 진공 상태를 만들어주지 못했다. 안방이 앞집 마당과 벽 하나를 두고 붙어 있는 것이 문제였다. 9시가 되면 불을 끄고 모두 잠자리에 들어야 하는 우리 집에서는 앞집 식구들의 말소리와 발소리가 천둥처럼 크게 들렸다. 다시 찾은 천국을 버리고 다른 행성을 찾아 떠나야 했다.

원래 살던 곳에서 버스를 타고 15분 정도 떨어진 동네에 있는 빌라 1층으로 이사를 했다. 5년 동안 정든 동네와 친구들을 떠나는 것도 힘들었지만 마당이 없는 공동주택으로 이사를 간다는 사실이 나를 못 견디게 외롭게 했다. 나의 놀이터가 사라지고 집 안에 있어야 했던 그곳에선 마른 낙엽이 바스락거리며 부서지는 기억뿐, 좋은 추억이 없었다. 소음 때문에 윗집 가족과 갈등이 있었고, 소음을 줄이기 위해 천정을 뜯어 공사를 진행하며 집안은 엉망이 되었다. 친구도 마당도 없는 동네와 어느새 중학생이 되어버린 나에게 아버지를 이해하기 위한 상상력은 바닥나 버렸다. 나는 그저 낯선 행성에 불시착한 지구인으로 학교와 집을 오가며 소리 없이 지냈다.

빌라에서 1년을 지낸 후 경사가 급한 오르막길 동네 이층집으로 이사를 했다. 신축 공사가 끝나지 않아 화장실 문도 없는 집이었다. 큰 골목 옆에 가지치기로 난 작은 골목을 가운데 두고 주택들이 마주 보며 서 있었다. 앞집에 살던 수경이 가족과 그 옆집에 살던 아기 한택이 가족, 그리고 다른 집 가족들 모두 검은 우주를 헤매던 나를 기다려준 착한 지구인 같았다. 낯선 행성에 살다 몇 년 만에 지구에 착륙해 친절한 지구인에게 감동한 사람처럼 감춰둔 친화력을 꺼내 사람들과 행복한 시간을 보냈다. 아랫집 아기를 봐주고, 앞집 동생과 놀아주며 생기를 다시 찾았다.

안정된 지구에서의 초록빛 생활은 얼마 안 있어 아래층 소음으로 균열이 가기 시작했다. 아래층 가족들이 방문을 여닫을 때마다 삐걱대는 소리가 아버지의 수면을 방해했다. 아래층 가족들은 밤에 방문을 여닫는 게 당연했고, 아버지는 소음 없는 밤을 원했으니 우리 가족이 떠나는 게 맞았다. 골목 앞 평상에 모여 앉아 삶은 옥수수를 나눠 먹으며 수다를 떨고 식사를 같이하던 마음결이 비슷한 이웃들을 뒤로하고 다시 지구를 떠났다.

더 조용한 행성을 찾아 좁은 마당이 있는 주택으로 이사를 했다. 좁은 골목 끝에 있던 집은 햇빛이 잘 들지 않아 낮에도 어두컴컴했다. 아버지가 숙면을 위해 외지고 어두운 집을 발견함으로써 내 중학교 시절의 기억은 전에 살던 이층집에서 멈추었다.

1년 후 고등학교에 입학하면서 연례행사를 치르는 것처럼 또 집을 옮겼다. 이번엔 전에 잠깐 살았던 빌라였다. 위층 소음 때문에 오래 살지 못하고 이사를 나갔는데 다시 문제의 장소로 돌아온 것이다. 고등학생이 되어 밤늦게까지 야간 자율 학습을 하면서 집은 이제 잠을 자는 수면 캡슐일 뿐이었다. 소음으로 갈등을 빚었던 가족들이 2층에 그대로 살고 있었으니, 이사는 드라마 재방송을 보는 것처럼 예측된 결말이었다.

고등학교 2학년이 되면서 우리 가족은 다른 행성을 찾아 다시 떠났다. 지금까지 살았던 곳 중에서 가장 가파르고 좁은 골목의 끝에 있는 낡고 겸손한 이층집이었다. 1층에는 좁은 거실과 방 두 개가 있었고, 건물 바깥으로 난 계단을 따라 올라가면 내 방과 오빠 방이 있었다. 안방과 오빠 방, 어느 공간도 실내로 연결되지 않고 신발을 벗고 외부로 나가야만 닿을 수 있었다. 같은 집 안에서 편안하게 드나들지 못하고 분절의 공간을 지나 가족의 공간을 찾아야 하는 각자의 섬에서 살았다. 이 작은 섬에서 내 학창 시절 일곱 번에 걸친 대장정의 우주여행이 끝났다. 아버지는 내가 고등학교를 졸업하자마자 퇴직하셨고, 지금까지도 그 겸손한 작은 집에서 30년 넘게 살고 계신다.

내 어린 시절의 기억은 첫 번째 초록색 대문 집과 가장 오래 살았던 세 번째 마당 넓은 집에서 멈췄다. 내 유년 시절을 아름답게 해준 천국 같은 곳이었다. 일곱 개의 행성 중 천국으로 느끼며 살았던 두 집과 잠시 안정을 찾게 했던 이층집, 낯선 행성에 떨어진 것처럼 외롭게 살았던 네 개의 집으로 우리 가족의 우주 비행은 끝이 났다.

이사를 하며 낯선 세계가 말을 걸어오면 마음이 텅 비어 있던 나는 아무런 대답도 하지 못하고 가만히 몸을 웅크렸다. 이사를 한 날에는 학교가 끝나면 엄마가 학교 앞에서 나를 기다리고 있었다. 엄마를 따라간 낯선 집 마당에 서서 닫힌 창을 바라봤다.
'저 창안에서 아버지가 잠을 잘 주무실 수 있게 해주세요.'
어둡고 밝은 빛이 새어 나오는 창에서 아버지의 잠만은 새어 나오질 않길 기도했다. 아버지도 잠의 빛이 새 나가지 않게 두꺼운 커튼을 달아 창문을 막았다.

그 흔한 포장 이사도 없던 시절, 이삿짐을 싸고 풀고를 반복하던 날도, 초저녁 개구리 우는 소리만 들어도 마음이 쿵 떨어져 놀라던 밤도, 함께 잠을 설쳤던 밤도 엄마와 아버지에게는 힘들어 포기하고 싶은 날이었을 것이다. 이제 부모님께 웃으며 말한다.
"우리 엄마, 아빠 건강하게 잘 버티셨네. 그러니까 지금 이렇게 행복하게 살죠."

내 안의 빛을 들여다본다. 내 안에 초록 대문 집에서 뛰어놀던 말괄량이가 있어서, 마당 넓은 집에서 채송화 길을 사랑하던 숲속 요정이 있어서 어둠보다 빛에 집중할 수 있었다. 나는 신이 부모님에게 보낸 반딧불이였다. 움직임이 빠른 악의 마음이 우리 가족을 덮치지 않게, 우리를 지키고 있는 부모님에게 빛을 보냈다. 우리 집의 어둠을 밝히는 데 썼다.

" 우리 자신의 삶의 중대한 사건들이 진행되고 있거나 발생한 직후에는 그 참된 연관을 이해하지 못하고 오랜 기간이 지난 후에야 비로소 이해할 수 있다.

그 시절 우리 가족을 강하게 만들었던 변화의 시간은 나를 세상에 직립하게 하는 배움으로 연결되었고 배움은 삶의 빛이 되어 나를 밝히고 있다. 그 빛은 엄마와 아버지를 데워주는 온기가 되었고 고난에 흔들리더라도 밝기를 더하는 힘을 지녔다.

현재 우리 집은 태양으로부터 너무 멀지도, 가깝지도 않아 생명체에게 최적화된 골디락스 행성처럼 아버지에게 가장 좋은 행성이다. 아버지는 아직 숙면의 유니콘을 만나지 못하셨지만, 당신이 찾은 골디락스 행성에서 평화로운 노년을 보내고 계신다.

"

우리 가족을 강하게 만들었던 변화의 시간은 나를 세상에 직립하게 하는 배움으로 연결되었고, 배움은 삶의 빛이 되어 나를 밝히고 있다.

* 인생론, 쇼펜하우어, 육문사, 2012

아픔과 고통을 이해하는 시각 밤 9시

어릴 적 우리 가족이 자는 시간은 매일 밤 9시였다. 걱정의 조각으로 만든 이불을 덮고 자는 사는 사람처럼 한밤중에 잠이 깨는 아버지를 위해 되도록 일찍 잠에 들었다.

"어린이 여러분, 이제 잠자리에 들 시간입니다. 일찍 자고 일찍 일어나는 건강한 어린이가 됩시다."

9시 뉴스 시작 전, 텔레비전에서 자는 시간을 알려주면 우리 가족은 말 잘 듣는 아이처럼 방바닥에 이불을 펴고 나란히 누웠다. 아버지는 곧바로 불을 껐고 텔레비전 불빛이 벽에 어른어른한 그림자를 만드는 걸 물끄러미 바라보다 잠이 들곤 했다.

9시에 온 집안의 불을 끄고 진공 상태로 만드는 건 반드시 지켜야 할 규칙이었다. 중학생이 되고 혼자 자기 시작하면서 9시가 넘어도 밤에 책을 읽을 수 있는 게 좋았다. 고등학생이 되니 야간 자율 학습이 10시에 끝났다. 학교가 끝나고 집에 돌아오면 거실 불은 꺼져 있었고 부모님은 모두 잠자리에 든 후였다. 나는 도둑고양이처럼 뒤꿈치를 들고 조용히 잘 준비를 마치고 내 방으로 들어가곤 했다.

우리 집은 왜 그러냐고 내가 처한 현실과 말다툼하지 않았다. '왜'라는 물음에 대해 마음속 경멸이 일어나지 않게 9시 이후의 밤은 아버지의 잠을 위한 시간으로 양보했다. 딸을 사랑한다고 자주 표현하던 아버지였지만 사랑과 미움은 동전의 양면처럼 서로의 등을 맞대고 있다. 달아나는 잠을 쫓는 아버지를 매번 이해하고 사랑할 순 없었다. 초등학교 때 친척들이 모인 자리에서 아버지가 수면제를 먹어도 잠이 오지 않는다고 말씀하시는 걸 들었다. 나는 그때까지 아버지가 수면제를 복용하는 걸 본 적이 없었고 그 말의 진실성을 의심했다.

고등학생이 되면서 어릴 적 아버지가 약봉지에서 털어 드시던 약이 감기약이나 소화제가 아니라 수면제라는 사실을 그제야 알게 되었다. 밤의 막막함과 암담함 속에 자신을 깨울 검은 그림자를 만나야 했던 두려움을 아버지는 종종 마주해야 했다.

아버지에게 매일 밤, 잠을 청한다는 건 집을 나가 돌아오지 않을 엄마를 기다리며 기도하는 아이의 마음과 같았을지 모른다. 매일 밤 골목 앞까지 나가 엄마를 기다려 보지만 엄마는 끝내 나타나지 않고 날이 새 버리면 밀려드는 허망함, 허탈함. 어느 날 밤, 아버지는 신을 원망했다. 뜬눈으로 밤을 새운 채 일터로 향하고 다시 뜬눈으로 밤을 지새우는 날들의 반복에 지쳐서 신에게 울부짖었다. 그 목소리는 안타깝게도 신에게 가닿지 못하고 우리 가족의 마음 안에서 불안의 부메랑이 되어 맴돌았다.

아버지도 어릴 적엔 잠 많은 소년이었을 것이다. 냉철하고 무서웠던 할아버지가 한밤중에 건넛마을로 심부름을 시키면 무덤이 솟아있는 산길에서 귀신이 나올까 바들바들 떨던 겁 많은 아이였다. 심부름을 마치고 돌아와서도 왜 이렇게 늦었냐고 불호령을 내리는 할아버지 앞에서 아무 말 없이 고개를 떨궈야 했던 연약한 아이였다. 그날 밤 아버지는 추위와 공포에 떨며 쉽사리 잠들지 못했으니 무서운 할아버지 밑에서 무조건 복종하며 살았던 어린 시절부터 편안한 잠은 아버지에게서 속절없이 멀어졌을지도 모른다.

나의 기억은 아버지가 막내딸인 나를 보며 행복해하던 모습과 불면의 밤으로 힘들어하던 기억으로 양분된다. 180센티 정도로 키가 큰 아버지는 퇴근하고 집에 오시면 나를 천장에 닿을 때까지 안아 올려 비행기를 태워주셨다. 옆에 있는 친구들이 키 큰 아버지만이 해줄 수 있는 유희를 보며 부러워하면 다른 친구들까지 안아 올려주셨다. 그런 빛의 순간으로 불면의 밤이 소유한 어둠을 밝히며 살았다. 흰 바지에 묻은 먹물 얼룩 위에 밥알을 비벼 다시 하얗게 만드는 것처럼 한 번의 행복한 기억으로 얼룩진 기억을 지워버리곤 했다.

나를 안아 천장에 닿을 때까지 올려주던 아버지는 나에게 나만 보지 말고 높은 곳에서 주변 사람도 바라보라고 말하고 싶으셨을까. 아버지의 불면증으로 힘들었다고 투정하지 말고 그런데도 세 식구를 먹여 살리기 위해 밤을 새우고 일터로 향하는 아버지의 뒷모습을 기억하라고. 그 곁에 두 아이를 위해 묵묵히 자리를 지키고 있는 엄마를 눈에 담으라고.

그때 아버지가 한 말과 행동이 모두 기억나지는 않는다. 그때 내가 느낀 감정과 반응을 다 떠올릴 순 없다. 유리 파편처럼 뇌리에 듬성듬성 남아있는 기억을 주워 한 페이지에 나열하는 동안 나도 나 자신을 알아가고, 아버지의 아픔과 고통도 어릴 적보다는 조금 더 깊이 이해하게 된다.

삶의 가치에 대한 문제를 조금이라도 건드리기라도 하려면 우리는 삶의 바깥에 자리를 잡아야 하며 다른 한편으로는 모든 사람의 삶을 잘 알고 있어야 한다.

어릴 적 적막과 어둠 속 숨은 잠을 찾는 시각 9시는 이제 아픔과 고통을 이해하는 시각이 되었다. 삶의 무게와 가치에 대한 문제를 보려고 할 때 나는 삶의 바깥으로 물러선다. 누구의 삶이든 그것을 객관적으로 바라볼 수 있는 거리를 만드는 의식이다. 삶의 바깥에서 가족과 나를 둘러싼 삶을 객관적으로 바라본다. 그 과정을 통해 각자 짊어진 삶의 무게와 그 무게를 견딘 노고를 알게 된다.

"

사랑하는 사람을 이해하는 시간은
삶의 의미와 가치를 찾는 일만큼 소중하다.

---

* 우상의 황혼, 프리드리히 니체, 아카넷, 2015

언어가 행하는 일

비행기에선 모든 것이 진하고 강해야 한다. 기내식은 지상에서 먹는 음식보다 소금을 더 많이 넣어야 간이 적당하다고 느끼고 화장실의 비누와 로션도 향이 진해야 향기롭다고 느낀다. 기내의 진동과 소음이 우리의 감각을 방해하기 때문이다.

수면 부족이라는 상수가 인식을 방해하고 있을 때 사람들이 무심코 던진 말은 돌이 되어 마음을 멍들게 한다. 고장 난 생체시계로 불면을 견딘 순간의 점철은 생체리듬을 파괴해 삶의 리듬도 쉽게 부서진다.

사람들은 아버지가 살아온 세월보다 더 높은 밀도로 아버지의 나이를 가늠했다. 합리적인 판단과 명확한 자기 인식이 불가능한 정신적 빈곤 상태에서 다른 사람들의 반응은 아버지를 평가의 굴레에 갇히게 했다. 향기 나는 추억은 사람을 보호하는 요새가 되지만 부정적이고 회피하고 싶은 기억은 자신을 속박하는 지하 감옥이 된다.

특정 욕구를 강하게 가진 자아는 과거의 방향에 시선을 두고 다른 사람의 평가나 비판, 비교에 휘둘리기 쉽다. 아버지는 늙어 보이지 않는다는 가족의 말보다 타인의 평가에 무게를 뒀다. 아버지가 가진 이상과 현실의 평가가 충돌할 때 일어나는 감정의 균열을 어린 나는 종종 목도했다.

가족 여행이 사치이던 어린 시절, 딱 한 번 아버지 친구 가족과 집 근처 산을 오른 적이 있다. 처음으로 가족 나들이를 가는 게 좋아서 나무를 오르는 다람쥐처럼 산길을 뛰어다녔다. 온 가족이 다 함께 숲에서 휴일을 보냈던 그날은 잊지 못할 추억이 되었다.

만약에
아버지가 잠을 잘 주무셨더라면,
아버지와 엄마가 사이가 좋았더라면,
아버지에게 나이가 숫자일 뿐이었다면,
이런 가정법을 현실에 적용하지 않았다. 그것은 서로를 생각하며 쓰다듬어 주는 것이 아니었다.

한 번의 가족 등산을 빛나는 보석처럼 마음에 지니는 것, '가정법'이라는 자아(ego)의 전횡에 빛을 잃지 않는 것을 택했다.
언어는 힘이 강했다. 가족에 대한 이해는 긍정의 언어를 통해 다시 빚어졌다. 원망과 질책의 언어를 내뱉으면 마음도 언어에 맞춰 반응할 게 분명했다. 아버지를 향한 수용과 공감의 언어는 내 안에서 아버지를 이해하는 마음으로 나타났다.

항상 뭔가를 읽고 계시고 궁금한 걸 물어보면 바로 대답해주시는 백과사전 같은 분!
지적이고 건장하고 멋진 어른!
나를 번쩍 안아 올려주는 키다리 아버지!
아버지를 향한 긍정의 언어는 마음의 정화 시스템이 되었다.

나에게는 이 세상을 사랑하는 일, 이 세상을 경멸하지 않는 일, 세상과 나를 미워하지 않는 일, 세상과 나와 모든 존재를 사랑과 경탄과 경외의 마음으로 바라볼 수 있는 일이 중요할 뿐이다.

나와 나를 둘러싼 세상에서 빛을 찾아내려 애썼다. 빛을 찾는 일은 우리 가족뿐 아니라 나도 모르는 누군가와 대화를 나눌 때도 꺼내 쓰게 되었다. 내가 찾은 말이 벼린 칼이 되어 상대의 마음을 베지는 않을까, 그에게서 돌아오는 말이 다시 나를 베지는 않을까, 짧지만 긴 검열을 거쳤다. 그 검열의 시간이 내 나름의 배려였다.

생각 없이 던진 말이 어느 가족의 저녁을 망칠 수 있으니, 나의 작은 한마디가 누군가의 내면에 파장을 일으킬 수 있으니 내 마음의 빛을 모아 상대의 마음을 밝힐 수 있는 언어를 택했다. 그러면 희한하게 내 마음에도 햇살이 들었다. 내가 던지는 말은 나를 둘러싼 세상의 행복을 점화하는 빛도, 불행을 시작하는 어둠도 될 수 있었다.

---

* 싯다르타, 헤르만 헤세, 민음사, 2002

"

내가 던지는 말은 나를 둘러싼 세상의 행복을 점화하는 빛도,
불행을 시작하는 어둠도 될 수 있었다.

하나의 얼굴에 여러 표정이 존재하듯

인생의 얼굴에도 여러 표정이 존재한다.

인생의 표정은 감정에 의해 바뀌는 것이 아니라 결심에 의해 바뀐다.

단상 하나 ,
사포지 같은 세상에도 부드럽게 살아가기

아이들과 사포지에 크레파스로 그림을 그린 적이 있다. 거칠거칠한 면에
크레파스가 둔탁하게 칠해지는 느낌이 좋았다. 남은 사포지를 정리하다
손등이 사포 지에 쓸렸을 때 생각보다 깔끄러운 느낌에 놀랐다.

살다 보면 거친 사포 면에 마음이 쓸릴 때가 있다.
직장 상사에게, 동료에게, 친구에게, 그냥 남에게
충고를 가장한 비난을 듣거나
의견을 가장한 공격을 받을 때가 있다.

그들이 거친 사포 면을 들고 쓱쓱 문지를 때면
피가 철철 나진 않아도 따갑고 쓰리다.
처음엔 겉마음이 하얗게 일어났다가 다음엔 속마음이 발갛게 부어오른다.

시간이 지나면 원래의 무해한 마음으로 서서히 돌아오겠지만
발갛게 부어오른 곳이 계속 신경이 쓰인다.

이 사실을 알지 못하는 다른 누군가가 상처를 살짝 스치기만 해도 평소보다 예민해진다.
정해진 마음의 자리를 벗어나 부어오른 상처를 진정시키려 애를 쓴다.
산책을 하고, 문장을 읽고, 음악을 듣고, 영화를 보고, 얘기를 하고.

그런데 마음의 상처 회복에 충실하기 전에 다시 한번 생각해야 한다.
애정 없이 비난의 불덩이를 던지는 사람의 언어를 마음속에 담아두어야 할까.
존중 없이 공격의 총탄을 쏘는 사람의 태도를 가슴으로 받아들여야 할까.

마음의 바구니를 뒤집어 비난의 언어를 깨끗이 비우자.
가슴 앞에 방탄조끼를 입고 언어의 총격을 무심히 막자.
우리를 괴롭게 하는 것은 그 사람의 언어와 행위를 보관하는 우리의 생각이다.

" 우리를 괴롭히는 것은 그들의 행위가 아니라 그에 대한 우리의 생각이라는 사실을 명심하라. 그들의 행위는 그들의 이성이 관여할 일이다.

메시지 없이 상처를 주는 사람들의 말에 귀 기울이지 말고,
애정없이 무례한 사람의 말을 마음에 담아 두지 말고,
존중 없이 공격하는 사람의 태도를 눈에 비추지 말고,
그저 내면의 힘을 믿고 내면의 소리를 듣고 나의 일을 해나간다.

---

* 명상록, 아우렐리우스, 2015, 육문사

우직하게 하늘 끝을 향하는 우듬지는
세상에 호기심을 보이는 잔 나뭇가지가 바람에 흔들리더라도
균형을 잡는다.
아래에서 단단하게 받쳐주는 나무 기둥과
흔들림 속에서도 방향을 잃지 않고 하늘을 향하는 우듬지처럼 나만의 중
심과 균형을 잡자.
그것이 강하면서도 부드럽게 살아내는 방식이다.
단단하게 서서 나만의 균형을 잡자.
그것이 성장의 시간이다.

"

아래에서 단단하게 받쳐주는 나무 기둥과
흔들림 속에서도 방향을 잃지 않고 하늘을 향하는
우듬지처럼 나만의 중심과 균형을 잡자.

침묵은 소리 없는 빛

침묵은 소리 없는 빛이면서 생기를 가졌다. 침묵의 생기는 기억마다 다르다. 나는 침묵이 좋았다. 아버지의 잠을 방해하지 않는 진공의 침묵이 좋았고, 엄마와 아버지의 하얀 침묵이 좋았으며 이야기를 만들어낼 수 있는 빈 공간의 침묵이 좋았다.

어느 날 밤, 아버지와 엄마가 다툴 때 어린 나는 엄마에게 다가가 말했다.
"엄마, 아빠한테 아무 말도 하지 마."
아버지가 하는 말에 아무 대꾸도 하지 않길 바라며 엄마에게 부탁했다. 하지만 엄마는 날카로운 말로 침묵의 공기를 갈랐고 아버지는 둔중한 목소리로 침묵을 깼다.
"와장창."
어느 순간 진짜 유리창이 깨졌다. 유리창 아래쪽에 여러 개의 금과 틈이 생겼다. 아버지는 창문을 떼어다가 방바닥에 놓았다. 그리고 다시 들어 올려 방바닥에 내리쳤다. 유리의 금 가는 소리는 허공에도 날카로운 실금을 그었다. 아버지가 유리창을 내려놓을 때마다 내가 원하던 침묵은 생기를 잃었다.

"아빠, 하지 마."

어린 나는 용기 내어 아버지에게 말했다. 아버지는 깨진 유리를 버리려면 먼저 잘게 부숴야 한다고 말했다.

미리 말해줬으면, 그래서 침묵을 깨야 한다고 알려줬으면.

내가 지키고 싶은 침묵 속에는 깨져야 좋은 침묵도 있다고 침묵은 내게 속삭였다. 어릴 적 나의 침묵은 내 마음속 떨림을 지키기 위한 고요한 숨이었다. 고요한 숨을 깨야 할 때는 상대를 위한 배려가 침묵을 이길 때였다. 배려를 위해 깨진 침묵은 깨지기 직전 가장 따뜻한 생기를 지니고 있었다.

유리창이 깨지던 순간, 아버지는 침묵했다. 어느 날 새벽 세찬 바람에 흔들리는 창문 소리는 어릴 적 그 순간으로 나를 데려다 놓았다. 깨진 유리창을 부숴서 버려야 하는 아버지의 책임은, 아버지를 지키려는 침묵과 나를 이해시키기 위한 설명 사이에서 고민했다. 아버지의 침묵은 흔들리던 영혼을 감싸던 보호 장치였다.

지금 내가 가장 좋아하는 침묵은 새벽의 감각적인 침묵이다. 새벽의 침묵 속엔 모든 감각이 살아있다. 글을 읽어 내려가는 나의 시선과 적당한 질감이 느껴지는 종이의 촉감과 내 움직임에 따라 잠을 깨는 공기의 하품 소리 그리고 서늘하고 상쾌한 새벽 냄새가 어울려 침묵의 생기를 만든다.

아버지를 위해 지켜져야 했던 세상의 침묵,

내가 바랐던 엄마의 침묵,

당신의 영혼을 지키기 위한 아버지의 침묵,
내 세계를 세우는 새벽의 침묵.

내 세계의 침묵은 관계 안에서도 일을 한다. 침묵의 차를 가운데 놓고도 어색하지 않은 사람을 좋아하게 만든다. 어색한 침묵을 깨려 아무 말이나 꺼내야 하는 사이라면 차라리 혼자인 편이 낫다. 숲을 닮은 새벽의 침묵이 좋아 매일 새벽을 만난다. 침묵이 가장 활발한 생기를 가지는 새벽, 내가 원하는 침묵의 생기로 내밀한 나를 마주한다.

필요하다면 신조차도 홀로 내버려두라. 신을 발견하고자 원한다면, 그와 서로를 존중할 수 있는 거리를 두어야 한다. 신을 발견하는 것은, 그를 만나러 갈고 있을 때가 아니라, 그를 홀로 남겨 두고 돌아설 때이다.

---

* 구도자에게 보낸 편지, 헨리 데이빗 소로우, 오래된미래, 2015

"

숲을 닮은 새벽의 침묵이 좋아 매일 새벽을 만난다.
침묵이 가장 활발한 생기를 가지는 새벽,
내가 원하는 침묵의 생기로 내밀한 나를 마주한다.

내가 쌓은 영혼의 무게와 결

내 글의 결은 아버지와 연결되어 있다. 어느 날 새벽 처량하던 고양이의 울음소리가 아버지의 얕은 잠을 훔칠까 봐 두려워했던 순간도, 숨죽여 마시고 뱉었던 들숨과 날숨도 모두 글로 쓰이기 위한 것이었다. 새벽의 소음이 아버지의 잠을 깨우던 순간은 우연이었으나 잠들지 못하던 밤의 감정은 악연이었고, 글은 필연이었다.

악연을 필연으로 풀어 내밀한 나를 만나고 쓰는 일은 나를 나답게 했다. 실체를 몰라 두려운 악연의 순간을 글로 표현하는 과정을 통해 심연의 나와 인연을 만들어 갔다. 실체를 부정하는 것이 괴로움의 뿌리인 것을 안다. 실체를 부정할 때 괴로워하는 사람은 적어도 실체의 존재를 인식한다.

나는 그 밤의 숨과 싸늘한 긴장감의 실체를 알고 싶었다. 내재된 욕망이 노트북 앞에 앉게 했고 일상의 재료로 글의 그릇을 채워 나갔다. 내 이야기를 담은 소설을 쓰고 싶다는 건 직접 이야기할 수 있는 용기가 없어, 내 이야기가 아닌 척 쓰고 싶은 철없음이었다.

지금의 나에게 글을 만나게 해준 어릴 적 내 불안을 소중히 여긴다. 그것은 소리 없는 내 글에 목소리를 입히고 색깔 없는 내 글에 색을 입혀 나만의 결을 만들었다.

글은 영혼의 대지 위에 내 세계를 세웠다. 그 시작은 검은 밤의 숨과 싸늘한 공기였다. 결국 내 세계와 아버지를 연결한 것은 글이었다. 책을 반쯤 썼을 때 엄마와 통화하며 아버지에 대한 글을 썼다고 처음으로 말했다.

"엄마, 아버지가 내 글 보고 뭐라고 하실지 모르겠어."
"아버지가 많이 달라지셨다. 좋아하실 거다."
엄마와 함께 웃는다. 엄마의 목소리에 묻은 에너지가 핸드폰 스피커를 뚫고 퇴근길의 내 영혼에까지 전달된다. 내 영혼은 엄마의 밝음을 먹고 한 뼘 더 단단해졌다. 단단해진 영혼이 구슬처럼 내 마음속에서 굴렀다.

어린 날의 검은 밤에 소리가 밤을 깨울까 봐 불안해하던 영혼은 읽기와 쓰기의 찰나가 쌓여 그 책의 두께와 무게만큼 묵직해졌다. 오늘도 책과 글을 포개는 새벽의 순간에 나는 어린 시절의 나를 만난다.

참 잘 견뎌왔다고 아버지와 엄마를 외면하지 않고 그 곁에 있어서 잘했다고 바가지머리를 한 나를 쓰다듬어 준다. 아직 어린 아들과 딸을 데리고 서 있는 나를 안아준다. 그리고 다시 이 글을 쓰는 내 등을 토닥인다.

* 우리 인생의 어떤 장면은 거친 모자이크 그림과 같다. 가까이서 보면 아무런 매력이 없고 멀리서 보아야 아름다움을 감상할 수 있다.

삶의 한 조각이 거칠고 투박하다고 해서 낙담할 필요는 없다. 멀리 떨어져 전체를 바라보면, 영혼의 연결로 완성된 아름다운 삶의 모자이크 그림을 만날 수 있으니.

---

* 쇼펜하우어 행복론과 인생론, 아르투어 쇼펜하우어, 을유문화사, 2023

"

삶의 한 조각이 거칠고 투박하다고 해서 낙담할 필요는 없다.
멀리 떨어져 전체를 바라보면,
영혼의 연결로 완성된 아름다운 삶의 모자이크 그림을 만날 수 있다.

조금 더 어른이 되는 순간

80년대를 가장으로 살아간 아버지들에게 술은 가장 믿을만한 친구였다. '고된 하루가 잔을 채우고 잔에 담긴 쓰디쓴 하루를 시원하게 비우는 것이 인생'이라고 생각하며 아버지들은 그렇게 술의 신 디오니소스와 함께 했다. 여느 아버지와는 달리 우리 아버지에게 술은 숙면의 방해물일 뿐이었다.

어린 나는 술에 취해 조금은 느슨해지고 기분 좋아 보이는 친구 아버지들을 볼 때면 그 모습이 참 여유로워 보여 좋았다.
"어제 우리 아빠가 술 마시고 통닭 사 왔어."
"우리 아빠는 술 취하면 용돈 준다."
어린 시절 먹기 힘들었던 통닭과 받기 힘들었던 용돈을 꺼내 놓는, 기분 좋게 술 취한 아버지는 선물을 나눠주는 산타할아버지처럼 느껴졌다. 우리 아버지가 술을 거나하게 드시고 통닭을 튀겨 와서 우리에게 던져 주고 소파 위에서 드르렁드르렁 코를 골며 주무시는 모습을 상상하곤 했다.

철없던 생각은 결혼 후 술에 취해 들어오는 남편을 보며 곧바로 깨졌다. 가끔이지만 술에 취해 혀가 꼬인 남편의 말을 들어 주는 건 인내가 필요한 일이었다. 어릴 적 내가 얘기로만 듣던 술에 취해 들어오는 호탕한 아버지 뒤에는 용돈과 통닭만 있는 게 아니었다. 그 모습을 지켜보며 까맣게 타들어 가던 어머니의 마음도, 술로 퍼렇게 멍들어 가던 아버지의 건강도 있었다.

어느 집에나 근심은 있고 누구에게나 상처는 있다. 내 상처는 크게 보이고 남의 상처는 작게 보이는 '자의적 상처 원근법'을 삶에 적용하지 않아야 했다. 삶의 도화지에 행복과 불행 중 어떤 것을 더 크게 그릴지는 삶을 그리는 이의 선택이었다.

40대의 아버지는 불면을 잊기 위해 술을 선택하지 않으셨다. 불면에 쇠약해지는 것이 두려워 불안함을 표출했어도, 영혼의 세계만은 술에게 내어 주지 않으셨다.

지금 50이 된 나는 40대의 젊은 아버지를 바라본다.
나보다 젊은 나이에 불면의 밤을 수십 년째 가지고 살던 가장을.
나보다 젊었으나 나보다 지쳐있는 아버지의 등을 쓸어 주며 안아드린다.
어린 시절, 행복의 우물에 작은 두레박을 내려 행복의 물을 퍼 올리게 해주셨던 아버지에게 고생 많았다고 말씀드린다.

아버지의 인생 곡선 위에 내 인생 곡선을 포개어 본다. 아버지의 인생 곡선 아래로 넓고 깊은 포물선을 그릴 때 내 인생 곡선이 시작된다. 내 삶의 시작은 아버지의 인생 곡선을 완만하게 해주고 비교적 큰 굴곡 없는 잔잔한

물결이 되게 해준다. 내 인생 곡선과 아버지의 인생 곡선이 교차하는 지점에서 우리는 서로를 조금씩 이해한다.

이제 나는 아버지의 인생 곡선을 따라 걷는다. 그 길에서 곡선이 아래로 깊이 떨어질 때마다 그 위에 가만히 서본다. 외로웠을 그 순간에 함께 머물러본다. 아버지가 가졌던 고통과 아픔을 바라본다.

산책하다 만난 나무 위에서 탈피한 매미의 허물을 만났다. 자신을 유충으로 규정짓던 허물을 반으로 가르고 세상으로 나와 허물에 의지하며 날개를 말렸을 6시간, 나무를 오르기 전 땅속 어둠을 견디며 유충으로 살아온 7년의 시간이 허물 위로 스쳐 지나간다. 어둠을 견디던 7년의 기다림까지 볼 수 있을 때 그래서 짧게 주어진 자신의 생을 위한 처절한 매미의 울음을 이해할 수 있을 때 나는 조금 더 어른이 된다.

모든 좋은 것은 멀리 돌아가는 길을 통해 목적에 다다른다.

---

* 차라투스트라는 이렇게 말했다, 프리드리히 니체, 민음사, 2004

"

어느 집에나 근심은 있고 누구에게나 상처는 있다.
내 상처는 크게 보고
남의 상처는 작게 보는 '자의적 상처 원근법'을
삶에 적용하지 않아야 한다.

내 영혼의 프리즘을 갈다

지금의 나는 과거의 내 감정에 공감하며 때로는 그 감정에 이름을 붙여
준다.
두려움, 소중함, 애틋함, 서글픔, 간절함...
서툴고 미숙했던 영혼으로 힘들었을 나를 그때보다는 밝아지고 따뜻해진
내가 위로하고 토닥여준다. 젊고 서툴렀던 나는 점점 커지는 풍선을 안고
있는 사람처럼 내가 완수해야 하는 일이 혹시 잘못되지는 않을까 불안해
했다.

신은 선물을 줄 때 고난이라는 포장지에 싸서 준다고 한다. 아이들이 어
린이집에 다니던 시절, 우리 가족은 각자의 포장지를 벗기기 위해 고군분
투했다. 남편의 이직으로 인해 우리 가족은 7년 넘게 살던 도시를 떠나 두
시간 거리의 낯선 도시로 이사를 했다. 나도 학교를 옮겨야 했고 아이들도
다니던 어린이집을 떠나오면서 온 가족이 새로운 환경에 적응해야 했다.
12 학급의 작은 학교에 발령이 나서 고학년 담임을 하며 보건 업무와 원어
민 업무 등 여러 업무를 맡았는데 신종플루가 터졌다.

아버지의 잠을 위해 새로운 행성을 찾아다니던 때에도 태양계를 벗어나는 느낌은 없었다. 익숙한 동네와 정든 직장을 떠나 낯선 도시와 고된 직장 속에서 부대끼니 태양계를 떠나 낯선 별에 떨어진 것만 같았다. 시댁과 친정은 모두 남쪽 끝이었고 주변에 잠깐이라도 아이들을 돌봐주고 집안일을 도와줄 다른 가족도 없었다. 거기다 이렇게까지 작은 학교로 발령이 나서 고생할 거라고 생각지도 못 하고 학교를 옮기기 전에 6개월 영어심화연수도 신청해 놓은 상태였다.

그 시절이 나 자신과의 거리가 가장 멀었던 시기였다. 나를 돌보거나 나를 들여다보는 시간은 엄두도 내지 못했다. 하루하루 내게 주어진 일과 육아와 공부를 도장 깨듯이 해나가야 했다. 이대로 지내다간 나도 아이들의 마음도 가뭄이 든 논바닥처럼 바닥을 드러내며 쩍쩍 갈라질 것만 같았다.

2년이 지나고 큰 학교로 전근을 가면서 전보다 여유가 생겼다. 이제 나를 진정한 어른으로 성장시켜야 할 때가 왔다는 걸 직감했다. 시간이 날 때마다 자기 계발서와 인문학 도서를 읽기 시작했다. 인문학을 처음 접하는 시기라 풍덩 빠져서 헤엄을 쳐야 하는 책보다는 가볍게 발을 적시고 찰랑거리며 놀 수 있는 책부터 읽기 시작했다. 누군가의 성장 이야기를 읽으면 내가 그 사람이 된 것처럼 에너지를 얻었다.

내가 가진 것 중 쓸 만한 가치가 뭔지 생각해 보면 삶에 대한 호기심과 배움에 대한 열정이었다. 그것으로 나를 키우는 일도 의미 있었다. 초록빛 달콤한 향기 나는 마음속 숲을 만들기 위한 시작은 책 한 권이라는 작은 씨앗이었다. 책은 내 삶의 갈피와 나침반이 되기 시작했다.

그렇게 시간이 흘러 둘째가 고등학생이 되었을 때 엄마가 암 진단을 받으셨다. 간병을 위해 휴직을 하고 엄마의 병원에 동행하면서 엄마가 내 곁에 계실 때 해야 할 일이 섬광처럼 스쳤다. 엄마와의 관계에 어색함을 흐트러뜨리고 사랑을 다시 새기는 것. 인생의 시계는 이제 과거의 나를 위로해야 할 시간이 지나 엄마를 위로할 시간이 되었다고 경종을 울리고 있었다. 사랑은 상대를 위한 일에 기쁨으로 느끼게 하고 사소한 일상도 행복한 기억으로 오래 간직하게 해준다고 말하고 있었다.

엄마를 위한 휴직 동안 엄마와 더 자주 만나고, 우리 가족의 이야기를 글로 쓰면서 내 인생에 가장 결정적인 시기가 되었다. 공룡이 지구를 지배한 시간은 포유류의 3배라고 한다. 파충류의 시간에 비해 3분의 1도 안 되는 짧은 시간을 살고도 인간은 지구를 어마어마하게 변화시켰다. 나에게 최근 2년의 휴직 기간은 지구에서 포유류의 시간만큼 중요한 기간이었다.

지나고 보니 나를 대하던 세상도 나를 대하던 사람도 결국 내가 건넨 말투와 눈빛과 마음결에 따라 달라진다는 걸 알게 됐다. 내가 먼저 보내는 다정함이나 친절함, 따뜻함이 메마름이나 냉랭함, 어색함이 되어 돌아오는 법은 없었다. 어느 날엔 소박한 온기로, 어느 날엔 크고 작은 울림으로 꼬리를 물고 돌아왔다. 서로의 관계에서 무르익는 시간이 필요할 뿐 적어도 내가 보낸 친절과 따뜻함에 등 돌리는 세상은 없었다. 결국 그 세상도 내가 만든 것이었다.

*기쁨으로 가는 열쇠는 자신의 생명을 포함하는 전 생명에 대한 무조건

---

* 의식혁명, 데이비드 호킨스, 판미동, 2011

적 친절이다.

친절과 사려 깊음을 만나면 그 빛을 받고 싶어 그것을 따라 움직이며 그것을 향해 피었다. 언젠가 내가 그 빛을 모아 내뿜는 날을 생각하며 그 빛을 내 영혼에 모았다. 그 빛으로 고난과 상실, 시련의 상황에서도 희망과 긍정, 그리고 성장을 찾으려 했다. 그것은 단단하고 맑은 영혼의 프리즘에 세상을 통과시켜 그 속에 숨은 빛의 아름다움을 찾아내는 일이었다.

나는 책으로 씨앗을 뿌리고 배움으로 물을 주며 귀한 인연의 햇살을 받아 자라난 작은 나무였다. 이 모든 과정이 오랫동안 반복되며, 프리즘은 점점 더 섬세하게 조율되어 내 안에 숨어 있던 빛의 색을 하나씩 발견하고 있었다. 결국 세상은 달라진 게 아무것도 없었다. 내가 달라지니 세상이 달라져 보였다. 읽고 쓰는 긴 과정을 통해 내 영혼의 프리즘이 조금씩 확장된 것뿐이었다.

** *세상의 변화란 인간 자신이 변하는 것의 투영이다.*

"

서로의 관계에서 무르익는 시간이 필요할 뿐
적어도 내가 보낸 친절과 따뜻함에 등 돌리는 세상은 없었다.
결국 그 세상도 내가 만든 것이었다.

** 몸은 알고 있다, 뤼디거 달케, 이지앤, 2006

할머니의 담배 연기에 숨다

어릴 적 외할머니는 이마에 투명한 진주알 같은 땀방울을 송골송골 달고 담배를 피우셨다. 포도 과수원 일이 끝나면 툇마루에 걸터앉아 호주머니에서 구깃구깃해진 청자 담배를 꺼내 담배 한 개비를 입에 무셨다. 옆에 있던 육각형 성냥갑에다 성냥에 달린 적린을 무심하게 쓱 그으면 불꽃이 화라락 일어났고 불은 금세 담배 끝에 빨간 생명을 불어넣었다.

외할머니는 말로는 못 할 근심을 연기에 날려 보내는 표정을 지으며 후하고 서글픈 숨을 뱉으셨다. 환갑이 되기도 전에 풍이 와서 누워계시던 외할아버지와 일없이 누워 있던 큰 외삼촌이 흩어지는 연기 뒤에 있었다. 할머니에게 담배는 근심을 연소하고 현실을 가려주는 안개였다.

외할머니의 목소리는 항상 갈라져 있었다. 부름켜가 커지면서 조금씩 껍질이 갈라지는 나무처럼 할머니의 마음속에 있는 응어리가 팽창해 목소리를 가르는 것 같았다. 학교에 가고 싶어 하는 엄마에게 일을 시킬 수밖에 없었던 미안함이 사포처럼 쓸려서였을까, 불면증이 있는 사위에게 시집간 딸에 대한 아픔이 쓰려서일까, 할머니에겐 갈라진 쇳소리가 났다. 엄마는 할머니의 갈라진 목소리였다. 외할머니는 늘 "젊은 사람이 어쩌다 그런 병에 걸려서" 하고 말끝을 흐리셨다. 사위에 대한 연민 뒤에 딸에 대한 안타까움을 삼키셨다. 그렇게 삼킨 안타까움이 외할머니의 갈라진 목소리였고 엄마였다.

스무 살이 갓 넘었을 때, 나는 철없는 이유로 마음속에서 화를 꺼내 불을 붙였고 아버지는 그 불꽃에 더 큰 불꽃을 넣으셨다. 아버지와 내가 피운 불꽃은 성급하고 다급하게 타올랐다. 별안간 화염으로 둘러싸이는 두려움을 느끼며 불이 더 번지기 전에 바깥으로 나왔다.

모든 두려움의 바탕에는 거짓이 있다는 것을 발견할 수 있다.

그날 내가 느낀 두려움에는 '나는 불쌍하고 가련하다'라는 거짓이 담겨 있었다. 내가 버려야 할 팽창된 자아와 그 자아에서 나온 거칠고 투박한 표현을 끌어안고 세상이 날 버린 것 같은 표정을 하고 있었다. 나는 잘못이 없는데 갑자기 불벼락을 맞은 것이며 애처롭기 그지없다는 생각을 눈송이처럼 뭉치고 있었다. 진실은 숨어 있지 않다. 보이지만 보려고 하지 않을 뿐이다. 나의 철없음으로 일이 일어났다는 진실은 얼마 지나지 않아 녹아버렸다. 오직 나에 대한 연민만 눈송이 모양 그대로 머물러 있었다.

진실을 부정하고 싶을 때 누군가에게 공감받고 위로받길 원할지도 모른다. 진실에 대한 나의 부정을 정당화하기 위해서. 위로와 공감 뒤에 진실

* 의식 혁명, 데이비드호킨스, 판미동, 2011

과 함께 숨고 싶어서.

진실과 대면하는 힘을 키워야 했다. 무작정 외할머니 집으로 가는 버스를 탔다. 버스 두 번, 두 시간이면 갈 수 있는 거리였다. 버스에서 내려 외할머니 집으로 가는 길에 강이 보였다. 잔잔히 흐르는 강 같은 할머니가 그리워 무작정 그곳으로 향했다.

"할머니!"
대문을 열고 할머니를 불렀다. 툇마루 뒤에 있던 미닫이문이 열리고 할머니가 보였다.
"아이고 리인이 아니가. 어서 온나."
할머니는 이유를 묻지 않고 나를 반기셨다.
"할머니 보고 싶어서 왔어요"
"잘 왔다. 할머니한테 잘 왔다."

할머니는 나를 안아 주었다. 나는 할머니의 품속으로 숨고 싶기도 하면서 동시에 진실을 마주하고 싶기도 했다. 할머니 곁에 머물며 내게 필요한 마음의 온도를 찾고 싶었다.

할머니는 찬장 유리문을 옆으로 밀어 삶은 옥수수를 꺼내주셨다. 할머니는 내가 옥수수를 제일 좋아하는 걸 아셨다. 옥수수를 주는 할머니 손에 붕대가 감겨 있었다.
"할머니 손이 왜 그래요?"
"이제 다 나았다. 괜찮다."
할머니는 내게 어서 옥수수를 먹어 보라고 하셨다.

"할머니가 밭에서 따온기다. 어서 먹어라."
할머니는 옥수수를 먹는 나를 흐뭇하게 바라보셨다. 그날 나는 할머니 옆에서 하룻밤을 잤다. 할머니와 단둘이 자는 건 처음이었지만 편안했다. 불을 끄고 할머니 옆에 나란히 누웠다. 이불에서 할머니 집 냄새가 났다. 할머니는 떨어지는 물병을 잡으려다 손을 다치셨다고 했다.
"그냥 바닥에 떨어지게 놔둬도 되는 걸 기어이 잡겠다고…."

할머니는 물병 얘기를 하셨고 나는 내 얘기로 들었다.
물병이 떨어지는 그 짧은 순간, 물병을 잡을지 그냥 놓아둘지 결정해야 했다. 삶에서도 결정은 대체로 짧은 시간에 이루어진다. 이미 결정해 버린 일에 당위성을 찾기 위해 몇 날 며칠을 고민하는지도 모른다.

"마음 쓰이는 일은 그냥 툭 내려놓고 살아라. 잡고 살지 말고."
할머니의 말씀에 눈앞에 검은 얼룩이 생기며 경계가 뭉개졌다. 나만 불쌍하고 가련하다며 붙잡고 있던 생각을 마음에서 조용히 털어냈다. 붙잡고 싶던 아집이 바닥에 떨어져 깨지는 소리가 들렸다. 나는 나의 철없음을 인정했고 연기처럼 잠잠해졌다. 밤과 나는 동시에 깊어졌다.

할머니는 더 이상 담배를 피우지 않으셨다. 할머니의 담배 연기는 볼 수 없었지만 나는 할머니의 말과 품에 온전히 머물며 마음을 비워냈다. 다음 날 아버지가 나를 데리러 오셨고 할머니는 먹을 것을 싼 보자기를 아버지에게 주셨다.
"리인아, 옥수수도 쌌으니까 집에 가서 먹어라."
할머니는 나를 향해 하얀 웃음을 보내셨다. 할머니의 하얀 머리와 하얀 웃음이 햇살에 더 눈부셨다.

할머니와 이불속에서 이야기하던 순간, 마음을 평온하게 하던 할머니 냄새는 아직도 내 마음속에 스며있다. 그 평온한 냄새 덕분에 나는 종종 마음을 내려놓고 마음을 비웠다.

"

마음 쓰이는 일은 그냥 툭 내려놓고 살아라. 잡고 살지 말고.

믿음의 햇살로만 보이는 빛깔

아이를 키우다 보면 예상치 못한 상황을 마주하게 되고 삶의 가치를 전하고 싶은 마음과는 달리 휘몰아치는 감정에 힘들어하기도 한다. 아들은 중학생이 되면서 새장에서는 답답해 못 견디는 새처럼 밖으로 나가 날아다니길 원했다. 수용과 이해, 기다림의 마음은 그 시절 놓치고 있었던 행복의 기본 조건이었다.

중학교 2학년 시험 전날이었던 일요일, 아들은 새벽부터 나가고 없었고, 아들의 침대에는 사람이 웅크리고 있는 것처럼 뭉쳐진 이불만 덩그러니 남아있었다. 새벽부터 공부하러 갔을 리는 만무했다. 아들에게 연락하니 서울에 와있다는 짧은 답문을 보내왔다.

아들은 저녁이 되어서야 깁스를 한 사람처럼 다리를 절뚝이며 집으로 돌아왔다.
"너 어디 갔다 온 거야?"
대답을 듣기도 전에 반나절 사이 헬쑥해진 아들 얼굴이 눈에 들어왔다.

"친구들이랑 놀러 가려면 돈이 필요한데 엄마가 안 줄 거 같아서 전단지 돌리는 아르바이트 하고 왔어요."

하루 종일 계단을 오르내렸을 다리는 근육끼리 똘똘 뭉쳐 능력의 제한치를 벗어났다고 외치며 파업을 선언한 것이다. 시험 전날에 꼭 아르바이트 해야 하냐고, 중학생이 무슨 돈이 그렇게 많이 필요하냐고, 하고 싶은 말이 소나기처럼 머릿속에서 쏟아져 내리다 아들의 다리를 보고는 멈춰버렸다.

"다른 아이는 휴지통에 전단지를 몰래 버려서 돈도 못 받고 갔는데 나는 성실하게 잘했다고 아저씨가 오천 원 더 주셨어요. 아저씨가 다음에 또 연락하래요."
아저씨에게 칭찬받았다고 자랑스럽게 말하는 아들을 보며 칭찬도 꾸중도 할 수 없었던 나는 사막의 낙타처럼 침묵했다. 아들은 돈 벌기가 이렇게 어려운지 몰랐다며 저녁을 먹고 곧바로 쓰러져 잠이 들었다.

부모와 영혼이 다른 아이를, 부모의 인식 안에 가두려는 순간 서로에게 삶은 고통이다. 과거를 살아온 부모가 만든 틀을 내려놓아야 아이의 영혼을 키울 수 있다.

그가 꼭 사과나무나 떡갈나무와 같은 속도로 성장해야 한다는 법은 없다. 그가 남과 보조를 맞추기 위해 자신의 봄을 여름으로 바꿀 필요가 없다.

아들은 사과나무나 떡갈나무가 아닌 독특한 묘목이 되어 자기만의 방식으

---

* 구도자에게 보낸 편지, 헨리 데이빗 소로우, 오래된미래, 2005

로 커가길 원했다. 학교와 공부보다는 사회와 일을 통해 성장하고 싶어 하
는 아들의 생각을 존중해 주기로 했다. 거부하던 진리를 수용하고 나니 답
답하게 막혔던 마음의 강이 흐르기 시작했다. 아들과 좋은 관계를 쌓으며
기다리면 자신이 궁금해하던 세상을 탐험하고 자신을 필요로 하는 자리로
돌아올 거라고, 어둠이 있었던 곳에 빛은 더 환할 거라고, 그렇게 아이가
만드는 세계를 받아들였다.

4년의 시간이 흐르는 동안 어떤 날은 아들을 향한 이해의 창을 조금밖에
열지 못하고, 어떤 날은 활짝 열기도 하면서 기다림의 계절을 여러 번 지
나갔다. 아들이 내게 준 기다림의 시간이 없었다면, 나와 결이 다른 사람
을 이해하기 위한 생각의 폭도 넓히지 못했고, 출렁이는 마음의 바다를 항
해할 힘도 가지지 못했을 것이다. 무엇보다 세상에서의 경험과 나의 사랑
을 잘 숙성한 아들이 이후에 내가 부모님께 사랑을 표현하게 만드는 일등
공신이 되어 주었다.

아들은 고등학교 3학년이 되더니 공부를 시작했다. 아들에게 공부를 늦게
시작해서 후회하지 않냐고 물었더니 아들은 말했다.
"나는 고등학교 시절이 제일 행복했어요. 그래서 후회는 안 해요."
아들은 대학에 진학했고 주말 내내 아르바이트하고 평일에는 틈틈이 공부
하는 청년이 됐다. 스물두 살에 군대에 입대하면서 초등학교 이후로 스스
로 책을 읽은 적이 없던 아들이 책을 읽기 시작했다. 무엇보다 아들이 내
게 준 가장 큰 선물은 부모님께 사랑한다는 말도, 따뜻한 포옹도 건네지
못하던 내가 용기 내어 부모님께 가까이 다가갈 수 있도록 한결같이 응원
해준 마음이었다.

내가 원하는 빛깔만 찾을 때는 보이지 않던 아이의 고유한 빛깔이 믿음의 햇살 아래에서 환하게 빛나고 있었다. 내가 원하는 빛깔이 없다고 믿음을 저버렸다면 아이의 소중한 빛깔을 발견하지 못했을지도 모른다. 내가 보낸 믿음은 사랑의 빛이 되어 다시 나를 비추었다.

"

**내가 원하는 빛깔만 찾을 때는 보이지 않던
아이의 고유한 빛깔이 믿음의 햇살 아래에서 환하게 빛나고 있었다.**

삶의 도화지에 행복과 불행 중 어떤 것을 더 크게 그릴지는

삶을 그리는 이의 선택이다.

단상 둘,
인생은 아름다운 영화의 대본

마음이 미약하던 시절 혼자서 일어나지 않은 상상을 하며 마음이 방망이 질치곤 했다. 세수 할 때, 설거지 할 때 문득 나에게 상처 준 사람들에게 더 날카로운 말로 찌르며 되받아치는 상상을 했다. 이렇게 이야기할걸, 저렇게 따져 물을 걸, 천착의 서사를 늘어놓았다. 하지만 그 불쾌감과 연결된 끝은 언제나 파국이었다. 내가 보낸 날카로운 말이 나에게로 돌아오는 건 당연한 결과였다.

종국에는 고개를 흔들며 머릿속을 감싼 뿌연 안개에서 빠져나오곤 했다. 내가 원하는 결말이 아니었다. 내가 원하지도 않는 모습을 상상하느라 에너지를 쓰고 있었던 것이다. 상처받은 만큼 돌려주고 싶은 것이 아니라 내 마음이 편해지는 걸 원했는데 그건 나의 상처를 더 크게 헤집고 소금을 뿌리는 일이었다.

무의식은 내가 정신을 차리지 않으면 나를 늘 가던 딴생각, 늘 가던 장소로 데려다 놓았다. 아이들을 차에 태우고 극장에 영화를 보러 가던 길이었다. 아파트 출입구에서 우회전을 해야 하는데 좌회전을 해버렸다. 무의식적으로 매일 가던 출근길로 운전을 한 것이다. 정신을 제대로 차리지 않으면 무의식은 늘 나를 공상의 세계로도 데려갔다. 웃풍이 스며들어오는 생각의 창틈을 평온함을 주는 책, 지혜의 샘물 같은 책, 성장 소설로 메꿨다. 희망적인 서사가 전개되도록 내 감각에 계속 긍정의 울림을 보냈다.

무의식을 바꾸기 위해선 의식부터 바꿔야 했다. 의식이 일으키는 긍정적인 행동들이 반복해서 쌓여 무의식적으로 나오게 해야 했다. 내 인생의 연출자가 된다. 내가 통제할 수 있는 장면에는 카메라를 비추어 클로즈업하고 통제할 수 없는 장면은 멀리서 찍거나 편집해서 버린다. 내 인생의 대본을 밝게 수정하고 말투와 행동을 긍정적으로 디렉팅한다. 내 영화의 주인공이자 감독으로 깨어있는 의식과 건강한 의도로 내 삶의 장면을 찍고 또 찍는다.

사랑하는 사람의 영화 속에선 연출자가 아닌 상대역이 되어 이야기를 듣고 반응하고 울고 웃어준다. 그들의 인생에 끼어들어 연출하지 않고 그들의 이야기가 잘 만들어지도록 사랑하고 믿어준다. 내가 연출한 영화는 나 혼자 맺은 결실이 아니라 함께 호흡해 준 상대역이 있었으니 가능하다는 단순하면서도 명료한 사실을 기억한다.

내 인생의 감독으로, 사랑하는 사람의 영화에선 상대역으로 무대 위와 무대 밖을 넘나든다. 내가 만드는 멋진 이야기 안에서 그렇게 살아간다.

 * 이 세상은 아름다운 연극 대본이지만 그것을 읽지 못하는 사람에게는 거의 쓸모가 없다. 그대는 주연도 될 수 있고 조연도 될 수 있다. 그리고 잠시 동안 출연하는 단역 배우도 될 수 있다. 그대의 인생은 그대가 직접 감독하는 것이다.

---

* 나를 아는 지혜, 발타자르 그라시안, 하문사, 1997

"

내 영화의 주인공이자 감독으로

깨어 있는 의식과 건강한 의도로 내 삶의 장면을 찍고 또 찍는다.

내가 만드는 가장 중요한 것

어릴 적 재미있게 봤던 '알프스 소녀 하이디'를 최근 원작 소설*로 읽었다. 하이디는 알프스의 자연처럼 순수한 본성으로 사람들의 상처를 치유한다. 마음의 문을 닫고 살아가는 페터 할아버지의 따스함을 끄집어내고, 병약한 몸 때문에 걷지 못하는 클라라가 걸을 수 있도록 돕는다. 하이디가 가진 선하고 맑은 영혼의 빛은 사람들 내면의 강한 힘을 비추어 그들 변화하고 성장하게 한다.

숙면의 유니콘을 찾아 높은 골목의 조용한 집에서 살아가던 아버지는, 알프스 고원에서 혼자 살아가는 페터 할아버지를 닮았다. 아버지의 따뜻함은 불면이 진했던 밤이 지나고 나면 타고 남은 장작처럼 희미해지기도 했다. 그때 나는 아버지의 모닥불이 다시 타올라 그 온기가 가족들에게 전해지도록 돕는 '하이디'가 되고 싶었다.

어린 시절, 내가 이야기를 하면 아버지는 "허허"하고 소리내어 웃으셨다.

---

* 하이디, 요한나 슈피리, 비룡소, 2003

그리고 큰 손으로 내 머리를 연거푸 쓰다듬으셨다. 대학교에 때에도. 아버지와 엄마는 자취하며 학교를 다니던 내 생활을 궁금해하셨고, 나는 내 이야기를 종알종알 늘어놓곤 했다. 부모님은 마치 공명이 아름다운 실로폰 연주를 듣는 사람처럼 흐뭇한 미소를 머금고 내 이야기에 귀를 기울이셨다. 한 바가지의 수다를 비우고 나면 아버지는 꼭 한마디를 덧붙이셨다.

"우리 딸이 오니까 엄마가 생기가 도네. 이제 사람 사는 집 같다."

아버지의 그 말에 나는 내가 아주 중요한 사람이 된 것만 같았다. 하이디가 된 순간이었다.

늘 기분 좋은 인생을 살아가기 위한 요령은 타인을 돕거나 누군가의 힘이 되어 주는 것이라 할 수 있다. 그것으로 존재의 의미를 실감하고, 순수한 기쁨을 누리게 된다.

내가 했던 일, 내가 갔던 곳, 내가 만났던 사람에 대해 이야기하는 것만으로도 엄마에게 생기가 돌았고 아버지에게 흐뭇함이 흘렀다. 부모님에게 힘이 되어 주는 건 그리 어려운 일은 아니었다. 나를 거쳐 간 크고 작은 사건을 나만의 시선으로 이야기로 풀어내는 것만으로 충분했다. 내가 세상에서 얻은 에너지를 두 분은 기쁨이라는 이름으로 받았고 행복이란 이름으로 돌려주셨다.

대학에 진학해 독립한 딸이 주말이 되면 집으로 온다. 그때마다 남편은 아버지가 내게 했던 말을 딸에게 한다.

"우리 딸이 집에 오니까 너무 좋다."

** 인간적인 너무나 인간적인, 프리드리히 니체, 동서문화사, 2016

'남편이 딸에게 건네는 말'과 '딸에게 느끼는 감정'에서 나와 아버지의 모습이 보인다. 항상 나를 바라보던 아버지와 가끔 아버지를 바라보는 내 시선이 만나는 순간, 짧지만 농밀한 그 순간이 '사랑'이었음을 깨닫게 한다. 뜨거운 태양에 지쳐 잠시 쉬고 싶을 때 쉴 수 있는 그늘이었고, 기댈 수 있는 기둥이었다는 사실을 깨닫게 한다.

담을 수 있는 마음 그릇은 작은데 담아야 할 것은 많아서 힘든 순간이 있었다. 이제는 그릇의 크기를 늘리려고 애쓰기 보다 마음 그릇을 수시로 비운다. 서랍을 정리하듯 생각과 감정을 버린다. 마음에 사랑과 기쁨이 언제든 들어올 수 있도록 비워둔다.

*** *인간이 만들어내는 가장 중요하고 유일한 것은 그의 마음, 또는 운명입니다.*

살아가는 마음에 따라 만나는 사람과 일어나는 사건에 대한 생각이 달라진다. 삶이 달라진다.

*** 구도자에게 보낸 편지, 헨리 데이빗 소로우, 오래된미래, 2005

"

살아가는 마음에 따라
만나는 사람과 일어나는 사건에 대한 시선이 달라진다.
삶이 달라진다.

가시 달린 새의 성장

몇십 년 동안 아버지의 예민함을 받아온 엄마의 그릇이 가득 찰 때가 있었다. 그릇에 가득 찬 예민함의 물은 흘러넘쳐 아버지에게로 우리에게로 다시 튀기도 했다. 그 물은 원망의 검은색이기도 했고 한으로 뿌옇게 흐려지기도 했다. 서로에게 예민함의 물이 튈 때면 관계가 소원해졌다. 우리 가족은 겨울을 견디는 가시 달린 새였다. 같은 둥지에서 서로에게 온기를 느끼려 가까이 있었지만 너무 가까워지면 가시가 서로의 몸을 찔러 아픔을 느꼈다. 온기를 주고받으려면 너무 멀지도, 상처를 주고받지 않으려면 너무 가깝지도 않아야 했다. 그저 겨울을 나는 가시 달린 새처럼 서로를 찌르지 않을 만큼의 거리를 유지하며 온기를 나누는 것이 최선이었다.

대학에 진학하면서부터는 내 안에 부드러운 온기를 만들어 가시를 깃털로 변화시키고 싶었다. 살고 있는 작은 숲의 둥지를 떠나 더 큰 숲으로 날아가 평화로운 자연의 소리를 듣고 싶었다. 때론 궂은 날씨를 만나 힘들겠지만 혼자 결정하고 새로운 배움을 시작하면서 성장해 나가는 것에 의미를 뒀다. 그런 열망은 고향인 진해를 두고 수원에서 일을 시작하면서 조금씩 실현되었다. 집안에서 느끼던 감정의 밀도를 줄이고 스스로 정신적 온기를 만드는 사람이 되기 위해 내가 만든 기회였다.

20년 넘게 함께 살면서 스며든 부모님의 말투, 소통 방식, 서로를 대하는 태도 위에 더 따뜻한 온기와 성장의 기운을 받아들이기로 했다. 작은 화분에 갇혀있는 뿌리가 화분의 질서를 깨뜨리고 구멍 사이로 뿌리를 내밀기 시작하듯 넓은 세계의 좋은 에너지를 흡수하려 분투했다. 때론 질그릇처럼 투박하고 깨지기 쉬웠던 공간에서 벗어나 감정 처리가 세련된 환경 속에 나를 집어넣었다. 흘러온 시간과 자라온 환경의 모양대로 빚어진 나를 바꾸는 과정이 시작됐다.

혼자 있는 침묵은 외롭기도 했지만 온기를 지니고 있기도 했다. 내가 만들수 있는 소리에 따라 채워지는 공기의 여백이 좋았다.. 어쩌다 한번 가는집은 더 그립고 애틋했다. 집을 떠나 독립하고 싶던 마음이 집에 돌아가고 싶은 마음으로 기울 때도 있었다. 하지만, 생명체는 주변 환경의 질서 속으로 들어가 자기 것으로 흡수하며 살아가기 마련이다. 투박한 사투리를 고치고, 급한 성격을 누르고, 예민함과 긴장도를 낮추며 나를 변화시켰다. 새로운 세계 속에 조금씩 뿌리를 내렸다.

*행복한 사람들은 역사를 만들지 않는다.

처음부터 가시 달린 새가 아닌 아름답고 부드러운 깃털이 달린 새였다면 나를 변화시키고 개혁하는 일 따위는 생각하지 않았을지도 모른다. 불행

* 프랑스 속담

에 가까이 가 본 사람은 행복에 가까이 가는 길을 본능적으로 알게 된다. 내가 가던 길에서 방향을 바꾸면 된다.

아버지의 불면증은 내 몸에 있던 가시를 부드럽게 만들기 위해 지혜로운 사람이 되도록 노력하게 했고 더 열심히 사는 사람이 되게 했다. 둥지를 일찍 떠나고 싶었던 마음은 배움에 도전하는 사람이 되게 했고, 그 모든 것들이 나를 쓰는 사람으로 만들었다.

어린 시절 경험을 상처로 남기지 않으며 갖게 된 의식적 성장이었다. 나를 위해 만든 성장은 나도 모르는 사이 부모님에게 전해지고 있었다. 지친 부모님께는 내가 가진 강인함을 나눠드리고 예민해진 부모님께는 부드러움을 나눠드렸다. 강함과 부드러움은 반으로 잘라 나눠준다고 해도 사라지지 않는 신비한 생명이었다. 나눠줄수록 더 많이, 더 온전하게 생겨났다.

거대한 자연 안에서 평범하고 작은 삶이지만 나의 삶은 조금씩 성장하고 있었다. 주어진 환경이 나를 만드는 것이 아니라 생각과 의지가 '나'를 만들어갔다. 내 주변의 에너지까지 바꾸는 힘도 지녔다. 내 삶의 첫 문장은 주어진다. 단, 접속사 뒤에 이어지는 문장이 행복으로 향할지, 불행으로 향할지는 내가 정하는 것이다.

'우리 가족은 가시 달린 새였다. 그래서 나는 더 부드러워지기 위해 노력했다.'

** 행복하게 만들기도 하고 불행하게 만들기도 하는 것은 사물의 객관적 현실적 상태가 아니라 우리들 자신에 대한 사물의 상태, 즉 우리의 주관에 비친 사물의 상태라는 것을 알 수 있다.

"

내 삶의 첫 문장은 주어진다.
단, 접속사 뒤에 이어지는 문장이
행복으로 향할지, 불행으로 향할지는 내가 정하는 것이다.

** 인생론, 쇼펜하우어, 육문사, 2012

나의 세계를 세운 마음속 "빈 공간"

드라마 허준에서 봤던 구안와사와 비슷한 증상을 겪은 적이 있다. 중학교 1학년 어느 날 오후, 수업을 마치고 집으로 가는데 발바닥이 땅에 닿는 느낌이 이상했다. 불 위에 올려진 오징어처럼 발목과 발바닥이 비틀어지며 걷는 것 자체가 힘들었다. 다리를 절뚝이며 겨우 집에 도착했다. 비틀어지는 다리를 지탱하느라 에너지를 소진한 몸은 현관문을 열자마자 긴장을 풀고 마룻바닥에 무너졌다. 차가운 마룻바닥에 붙어 있던 얼굴에서 이상한 감각이 느껴졌다. 말을 하려고 하면 혀는 말려 들어가고 입은 오른쪽으로 돌아갔다. 공포가 밀려와 참고 있던 울음이 터졌다.

엄마가 깜짝 놀라 나를 보고 있을 때, 아버지가 퇴근해 집에 오셨다. 몸을 웅크리고 말도 제대로 하지 못하는 나를 보고 아버지는 상황이 심각하다는 걸 한번에 알아차리셨다. 아버지는 당신을 닮아 키가 큰 나를 번쩍 들어 올리셨다. 차도 없던 시절, 아버지는 나를 업고 택시가 다니는 큰길까지 초식공룡처럼 쿵쿵 뛰셨다. 택시를 타고 도착한 병원에서 주사와 수액을 맞고 어느 정도 진정된 후에야 웅크렸던 몸을 폈다. 내 신경을 스스로 조절하지 못하던 나를 아버지가 병원으로 데려가 준 그날, 아버지의 등은 참 넓고 든든했다. '이제 살았구나.'하는 안도감에 마음이 편안해졌다.

아버지는 나에게 자주 사랑을 표현하셨다.
"세상에서 제일 사랑하는 우리 딸, 우리 딸을 내가 얼마나 사랑하는데..."
주말드라마에 나오는 다정한 아버지가 할 법한 말을 구수한 경상도 사투리로 내게 말씀해 주셨다. "우리 딸은 아빠의 기쁨."이라는 말은 아버지가 늘 내게 전하던 진심이었다.

혼자 살면서 아프거나 힘든 일을 겪을 때도 나를 업고 뛰던 아버지의 등을 생각하면'나는 소중하고 사랑받는 사람'이라는 생각이 물성처럼 만져졌다.
하지만 두 분이 서로에게 등을 돌리는 모습을 보게 될 때면 내가 받은 사랑은 압력밥솥의 김이 빠져나가듯 새어나갔다. 각자 거센 파도를 견디고 있을 때면 나도 파도치는 바닷가 갯바위 한가운데 서 있었다. 부모님이 나에게 주는 다정한 표현의 작은 귀퉁이라도 잘라 서로에게 주면 얼마나 좋을까 생각했다. 나에겐 '서로에게 힘이 되는 부모'를 바라는 욕구가 내재해 있었다.

내가 만든 세계에선 부부가 서로를 아끼며 살지 못할 바에야 혼자 사는 편이 나았다. 나보다 나를 사랑하는 사람이 아니면 결혼은 의미가 없었다. 나보다 나를 사랑하는 사람이어야 질긴 병에 걸리더라도 서로를 아끼며 살수 있을 것 같았다. 결혼에 대한 작은 회의가 배어있었다.

그 마음속 결핍을 안은 채 사회생활을 시작하고 사람들도 만났다. 그 구멍을 어떻게 처리할 것인가는 원가족이 나에게 던져 준 숙제였다. 마음속 구멍에 대한 사유는 책과 자연을 통해 계속되었다. 그러다 내 눈에 들어온 건 옹기와 대나무였다. 옹기는 굽는 과정에서 생긴 작은 구멍 덕분에 공기가 드나들어 스스로 노폐물을 내보냈다. 대나무는 비어 있는 줄기 덕분에 빨리 성장할 수 있어 대나무 숲을 이루고 공기를 정화하는 치유의 공간이 되었다.

어릴 적부터 마음에 품고 있던 '구멍'을 통로로 만들기로 했다. 그곳으로 부정적인 생각, 두려움, 화의 찌꺼기를 배출하는 것이다. 나의 마음속 공간을 배출을 위한 통로로 사용하며 시간과 마음을 잘게 자르고 다시 이어 나의 세계를 만드는데 몰두했다. '빈 공간'은 부정적인 찌꺼기를 걸러주는 필터였고 치유의 대나무 숲을 높이 치솟게 만드는 비법이었다. 마음 속 빈 공간을 물질과 사람으로 채우려 하지 않고 내 마음을 정화하고 내 세계를 단단하게 세우는 전환의 공간으로 활용했다.

도저히 해내지 못할 것 같은 일도 계속 시도해 보라. 다른 일에는 느린 왼손도 고삐는 오른손보다 더 단단히 잡는다. 왼손이 이 일을 익혀두었기 때문이다.

가능하지 않을 것 같았던 일이 조금씩 가능해졌다. 마음의 '통로'를 만들고 활용하는 일을 차곡차곡 이뤄 나갔다. 그 '공간'은 나를 내 나이만큼만 나를 철들게 한 것이 아니라 내 나이보다 곱절 더 성장하게 만들어, 커지

---

* 명상록, 마르쿠스 아우렐리우스, 육문사, 2017

고 철든 마음을 부모님께 다시 나누게 했다.

엄마와의 통화 끝에 엄마가 나에게 말했다.

"우리 딸한테 참 고맙다. 경제적으로도, 마음으로도. 참 많이 고맙다. 그동안 수고했다. 우리 딸."

서로를 아끼는 사이좋은 부모를 바라는 나의 욕구는, 채워지지 않는 '공간'이 아니라 내 세계를 세운 근원이 되었다.

"

나의 욕구는

채워지지 않는 '공간'이 아니라

내 세계를 세운 근원이 되었다.

혼란은 질서로 가는 길

소설 '데미안'의 주인공 싱클레어는 10대 초반부터 끊임없이 자신을 찾기 위해 외부 세계와 내면이 지은 세계의 간극에서 분투한다. 선 위에 공존하는 악의 모습은 순수한 액체에 떨어진 검은 잉크처럼 물결 모양을 만들며 확산해 간다.

열여덟의 어느 밤, 방안에 나를 둘러싼 벽이 나를 압박하는 것만 같았다. 밖으로 나가지 않고는 진정되지 않을 마음이었다. 아버지의 코 고는 소리가 열린 문틈으로 들어왔다. 평소에 마음을 안정시키던 그 소리가 그날은 밖으로 나가야 한다는 경고음처럼 느껴졌다. 나도 모르게 가방에 교복과 책을 챙겨 들고 집을 빠져나왔다.

특별히 가고 싶은 곳도, 가야 할 곳도 모른 채 동네를 돌아다녔다. 동네를 벗어나 큰길에 접어들었을 때, 낯익은 얼굴이 내 앞으로 다가왔다. 초등학교 친구 은진이었다. 은진이는 반가워하며 나에게 물었다.
"어디 가? 갈 데 없으면 내 친구들 만나러 가는데, 같이 갈래?"

은진이의 말은 갑자기 불어온 바람처럼 마음속 나뭇가지를 흔들었다. 은진이를 따라간 곳은 작은 방문이 줄지어 서 있는 건물이었다. 허름한 주택인지 여인숙인지 정확히 기억나지 않지만 내가 있어서는 안 될 곳이란 느낌이 순식간에 들이닥쳤다. 등줄기를 통해 올라오는 서늘한 기운에 반팔을 입은 팔에 소름이 돋았다.

은진이는 그중 첫 번째 문 앞에 서더니 내게 어서 오라고 손을 아래위로 흔들었다. 그 순간 누군가 안에서 방문을 열었다. 직사각형 문 안으로 보이는 것은 허름한 방황의 그물이었다. 남자아이들과 여자아이들 서너 명이 서로의 어둠으로 엮은 그물 안에 들어가 있는 듯했다.

아이들은 그들만의 세계에 이방인으로 등장한 나를 뚫어지게 응시했다. 심장 박동은 위험을 알리는 경찰차의 사이렌처럼 빠르게 울리기 시작했다.
'빨리 여기서 벗어나야 해.'
깨어난 의식이 차가운 얼음물이 되어 머리 위에 쏟아져 내렸다. 나는 답답하다고 느낀 집을 벗어난 후에야 집이 주는 안정감을 깨닫고 간절히 돌아가고 싶어졌다.

혼란스럽다고 생각한 내 자리는 질서를 향해 가는 길 위에 있었고 질서의 길목에 가까이 와서 스스로 경로를 이탈한 것임을 자각했다.
"은진아, 나 집에 가야 될 것 같아."
뒤에서 은진이와 아이들이 뭐라고 하는 소리가 들렸지만 뒤돌아보지 않고 혼란의 모습을 한 안정감 속으로 내달렸다.

인간의 일생이라는 것은 모두 자기 자신에게 도달하기 위한 여정, 아니 그러한 길을 찾아내려는 실험이며, 그러한 오솔길의 암시이다.

그날 그 허름한 방 안에서 나와 마주친 눈동자는 질서로 가는 길을 인식하지 못하고 그 길에서 벗어나 있는 또 다른 나의 모습이었다.

혼란스러움 자체에 당황하여 도망치고 싶었던 나는 이제 그 혼란스러움의 가치를 바라봤다. 흔들린다는 것은 현상을 무조건 수용하지 않고 내 생각과 새로운 가치를 융합해 온전한 나의 별을 탄생시키는 과정이었다. 그것은 온전한 '나'를 찾는 실험이었다.

** 춤추는 별을 잉태하려면 반드시 스스로의 내면에 혼돈을 지녀야 한다.

혼돈의 과정에서 중심을 잡는 것, 흔들림이 커지지 않게 스스로를 지지하는 것을 통해 별을 키워간다. 별은 내면에서 키워가는 안정감이자 용기였다.

---

* 데미안, 헤르만 헤세, 민음사, 2009
** 프리드리히 니체의 명언

"

흔들린다는 것은
현상을 무조건 수용하지 않고
내 생각과 새로운 가치를 융합해
온전한 나의 별을 탄생시키는 과정이었다.
그것은 온전한 '나'를 찾는 실험이었다.

중요한 건 잠이 아니라 삶

아버지의 두려움 중 하나는 자식들도 불면증에 걸릴지 모른다는 사실이었다. 대학 때 난방이 되지 않는 거실을 가운데 두고 네 개의 방이 방사형으로 마주 보고 있는 반지하 주택에서 자취를 했다. 내 방 옆에 조금 큰 방이 있고 나머지 2개의 방은 모두 3평 남짓한 작은 방이었다.

내 방 옆에 혼자 살던 언니가 이사를 나가고 우리 학교에 다니는 자매가 이사를 들어왔다. 며칠 후, 자매의 친구도 건너편 방으로 이사를 왔다. 조용하던 자취방은 자매와 친구의 아지트로 변했고 늘 북적였다. 웃음소리, 이야기 소리, 피아노 소리까지 벽돌 하나로 쌓아 올린 벽은 모든 소음을 여과 없이 통과시켰다. 늦은 밤의 고요함은 미세한 진동마저 선명한 소음으로 만들어 버렸다. 그때였다. 나도 밤의 소음에 민감하다는 걸 느꼈던 때가. 새벽녘까지 이어지는 소음에 잠이 깨는 일이 잦았다. 그렇다고 그녀들의 친목에 재를 뿌리는 말을 불쑥 던지기에는 어릴 시절 목격한 불화의 강도가 너무 강렬했다. 아버지가 밤의 소음을 수용하지 못한 뒤로는 늘 사람들과의 불화로 이어지는 걸 보곤 했다. 그것은 나에게 '참을 인'자를 새기는 반대 성향을 가져다줬다.

주말에 집에 가서 부모님과 이런저런 얘기를 하다 옆방에 새로 이사 온 학생들이 밤늦게까지 시끄럽다는 말을 했다. 일주일쯤 지났을까. 불현듯 옆방의 소음이 사라진 걸 알아차렸다. 소음은 '왁자지껄'에서 '소곤소곤'으로 데시벨을 낮췄고 12시면 조용해졌다. 소음은 사라졌으나 그녀들과 마주칠 때마다 은은한 냉대가 느껴졌다. 분명 전에는 느낄 수 없는 차가움이었다. 무슨 일이 있었다는 걸 본능적으로 직감했다.

"똑똑"
며칠 뒤 옆방 언니가 내 방문을 두드렸다.
"잠깐 우리 방에 좀 와 볼래?"
무거운 그녀의 표정만큼이나 무거운 마음으로 뒤를 따라갔다.
"이거…."
언니는 방바닥에 편지봉투를 내려놓았다. 겉면에 쓰여 있는 글씨는 분명 아버지 글씨였다.
"며칠 전에 너희 아버지가 여기 오셨거든. 밤에 조용히 해달라고 부탁하시면서 이 편지를 주고 가셨어."

가장 숨기고 싶던 부분의 껍질이 벗겨진 것 같은 황망함과 수치심에 균형을 잃은 마음은 얼굴을 달아오르게 했다. 편지지를 꺼내 읽어 내려갔다. 한 줄 한 줄 빽빽이 써 내려간 문장은 편지지 한 장을 가득 채우고 있었다. 어떤 내용인지 눈에 글씨가 들어오지 않았지만, 충분히 짐작할 수 있었다. 아버지의 생을 잠식한 불면이 자식에게까지 번질지 모른다는 두려움은 타인에 대한 사고와 결과에 대한 숙고보다 컸다. 당신의 고통 위에 딸이 겪을지 모를 고통이 겹쳐지면서 망설임 틈도 없이 행위로 실천하신 것이다. 이 모든 것을 어디서부터 설명해야 할지 감쪽같이 달라붙은 투명 테이프의 시작점을 찾는 것처럼 막막했다.

이성이 멈춘 사이 감정이 움직이기 시작했다. 감정은 내가 자신의 이름을 명명하기도 전에 눈물샘을 찔러 눈물을 터뜨렸다. 양 볼에 눈물이 흘러내렸다. 모든 걸 설명하기엔 너무 길었다. 긴 이야기를 짧게 하기엔 아버지의 불면이 스며든 통각이 너무 진했다. 갓 스무 살을 넘긴 내가 벽돌 한 장을 두고 같이 산다는 이유로 그들에게 내 모든 이야기를 털어놓고 싶진 않았다. 내게는 여름에도 긴소매 옷으로 가리고 다니는 팔에 난 흉터를 내보이는 것처럼 내키지 않는 일이었다. 낮의 뜨거운 모래를 견디는 것도 밤의 거센 파도를 견디는 것도 바닷가에 서 있는 내가 감당해야 할 몫으로 받아들일 수 있었다. 하지만 누군가와 그것을 공유하기엔 나를 꺼낼 용기가 너무 작았다.

나는 아버지가 다녀간 걸 전혀 몰랐다고 미안하다고 말했다. 그녀는 내가 아버지께 그렇게 말해달라고 부탁한 것으로 오해했다고 했다. 어쨌든 그날 내 눈물은 미안함의 눈물이 되었고 적대와 오해를 풀고 벽 하나를 두고 사는 동안 별 탈 없이 지냈다.

그러다 모든 것을 털어놓고 싶은 사람을 만났다. 나만의 소행성에서 함께 지내고 싶은 사람을 찾은 것이다. 꽁꽁 숨기고 있던 흉터를 내보여도 흉터의 크기와 모양에 상관없이 이해와 위로를 보내 줄 것 같았다. *다원이 진*

화론을 정립하기까지 가장 큰 영향을 줬던 비글호 항해에서 선장 피츠로 이가 비글호 항해를 위해 다윈을 선택한 이유는 단지 그의 코 모양이 마음 에 들었기 때문이다 [*]. 당시엔 코 모양이 인격을 나타낸다고 믿었다고 한 다. 사람들은 피츠로이처럼 사소하고 개인적인 이유로 인생의 항해에 함 께 할 파트너를 결정한다. 나도 그랬다. 내가 배우자를 선택한 사소하고 개인적인 이유는 '내가 가진 모든 것을 공유해도 괜찮을 것 같아서였다. 그 후로도 5년간의 탐색 기간을 가졌지만, 그는 항상 그 이유에 끄덕임을 주는 사람이었다.

아버지가 사위를 보는 사소하고 개인적인 기준은 나와 전혀 달랐다. 아버 지의 기준은 '숙면을 취하는가'였다. 그가 우리 집에 처음 인사를 온 날이 었다. 177 센티의 키에 넓은 어깨를 가진 아버지는 한동안 남편 앞에 말없 이 앉아 있었다. 잠시 후 그를 쳐다보며 처음 꺼낸 말은 "잠은 잘 자는가?" 였다. 여자 친구의 부모 앞이라 온몸의 근육을 긴장시키고 있던 그의 얼굴 에서 당황스러움이 보였다. 잠시 후, 얼굴을 물들였던 붉은 당황스러움이 옅어지더니 그는 입을 열었다.
"네, 잠을 아주 잘 잡니다."
아버지는 만족스러운 표정을 지었고 첫 질문을 무사히 통과한 남자 친구 는 한결 편안해 보였다.

아버지에게 잠은 사람을 유용한 상태로 만드는 도구였다. 그 과정에서 '삶의 효용'이 만들어지는 것이었다. 그 기준에서 보면 남편은 삶의 효용 이 큰 사람이었다. 선천적으로 또, 후천적으로 소리에 민감해 하룻밤 동

---

[*] 거의 모든 것의 역사(빌 브라이슨, 까치, 2020) 내용 참고.

안 잠을 몇 번이나 깨던 나와는 달리 웬만한 소음에도 좀처럼 깨지 않았다. 아버지의 불면증에 맺힌 한을 풀기 위해 우리 집에 왔는지 주말이 되면 코알라처럼 늦은 오후까지 잠을 잤다. 남편의 수면 습관을 아버지에게 이야기하면 아버지는 얼굴에 웃음기가 만연하시고는 "허허"하며 웃으셨다. 아버지의 얼굴에서 대리만족과 함께 불면이 딸에게 가져올 불행은 막았다는 기쁨이 솟아났다.

일주일의 반 이상을 태평양 건너 유럽과 아메리카 대륙에서 생활해야 하는 남편에게 비행기에서 잘 자고, 시차를 잘 극복하는 것은 숙면의 문제가 아닌 숙명의 문제였다. 그의 숙명적인 숙면은 우리 가족을 정서적으로 안정시켰다. 아버지의 예상대로 "잘 자는" 사람이 가져다준 행복이었다.

아버지의 불면과 그것에서 파생된 크고 작은 문제들을 접할 때마다 내 영혼을 단단하게 지키기 위해 분투했다. 내게 주어진 문제들을 해결하는 과정은 결국 나를 강하게 했다. 나의 가정 환경은 사람을 보는 눈에도, 배우자를 선택하는 기준에도 나만의 정체성을 부여했다.

* 고난은 그대를 강하게 만든다. 그대가 극복할 수 없는 일이란 이 세상에 존재하지 않는다. 인생의 모든 고난들은 인생의 필수품이다.

작은 쉼표 몇 개만 찍어가며 활동하던 뇌에게 밤이 찍어주는 마침표, 삶이 허락한 공식적인 휴식 시간이자 영혼의 정비시간인 잠을 선물처럼 가진 사람을 만나길 바라던 아버지의 바람은 이뤄졌다.

** 나를 아는 지혜, 발타자르 그라시안, 하문사, 1997

"잠은 잘 자는가?"

아버지가 남자 친구에게 물어본 첫 질문을

"삶을 잘 사는가?"

로 스스로 바꿔 우리의 생애로 대답했다.

"

내게 주어진 문제들을 해결하는 과정은 결국 나를 강하게 한다.

삶에서 힘든 갈라짐을 겪는 일은
생의 가장 아름다운 빛을 만드는 일이다.

단상 셋,
기대와 칭찬보다 존중과 감사

일로 만났지만, 친구처럼 지내는 사람 중에 말 한마디에도 따뜻함을 담는 사람이 있다. 내 마음에 들어온 것처럼 부드러운 말투로 마음 결을 빗겨 주는 사람들이 있다. 그녀는 비단 나뿐만 아니라 모든 사람의 마음을 한결같이 온화하게 빗겨 주었다.

나는 그 모습이 너무 좋아서 지인들과 함께 있을 때 그녀를 '배려의 여왕'이라고 부르곤 했다.
어느 날, 그녀가 나에게 조용히 오더니 자신을 좋게 봐줘서 고맙지만, 그런 칭찬이 조금은 부담스럽게 느껴진다고 했다.

생각해 보니 내가 붙인 '배려의 여왕' 타이틀이 그녀의 행동반경을 '배려'라는 틀에 가두고 구속했을 것이다. 내가 사람들 앞에서 그녀가 '배려'를 잘한다고 칭찬할 때마다 사람들의 기대는 조금씩 높아졌을 것이다.

기대,

바라고 기다리는 것.

누군가가 나에게 '뭔가를 바라고 기다리고 있겠다'라고 한다면 바람에 날려가는 낙엽처럼 멀리 날아가 버리고 싶을 것이다. 목욕하기 싫은 강아지처럼 자리를 뜨고 싶고, 부담감이 무거운 이불이 되어 나를 누를 것이다. 그래서 건네받은 칭찬을 다시 돌려주고 싶을 것이다. 거기다 나를 기다리기까지 한다면 링 위에 흰 수건을 던지는 심정으로 항복을 선언하고 싶을 것이다.

누군가에게 매번 칭찬을 받는다면,

아우렐리우스처럼 지혜와 통찰이 있거나

'어른 김장하'처럼 넉넉한 마음이 있어도

더 내어주어야 한다는 부담감을 느낄 것 같다.

기대하면,

상대의 행위에 대한 기준이 높아진다.

상대가 건네는 배려와 나눔에 대한 고마움이 줄어든다.

기대는 비눗방울처럼 점점 커져서 상대가 무엇을 내놓든

언젠가 그 안의 빈 공간을 채우지 못해 터지고 말 것이다.

하는 일의 노력보다 결과를 보려고 할 것이다.

기대하는 건

방향감각을 잃고 기다리는 방향만 바라보게 하는 것이다.

양방향의 감정 소통이 아니라 한 방향의 신호 보냄이다.

과한 칭찬을 먹고 자란 기대는
상대에게 등짐을 지어주는 것이다.

기대보다
행위에 대한 존중과 감사가 관계의 숨결을 부드럽게 빚어준다.

*다른 사람을 힐뜯지도 칭찬하지도 말라.
힐뜯다 보면 좋은 점을 보지 못한다.
또 칭찬만 하다 보면 기대가 너무 높아진다.
다른 사람을 존중하라. 그러면 다른 사람들도 똑같이 존중해 줄 것이다.

* 살아갈 날들을 위한 공부, 레프 톨스토이, 위즈덤하우스, 2025

"

기대보다 행위에 대한 존중과 감사가
관계의 숨결을 부드럽게 빚어준다.

다정함도 내 몫이야

남편은 쌍둥이로 태어났다. 얼굴에 붙은 파리를 쫓지 못할 정도로 약했던 동생은 어머니가 키우시고, 건강하게 태어난 그는 할머니가 함께 살며 키워 주셨다. 할머니는 장손인 남편에게 식물에 햇볕을 쫴 주고 물을 주듯 생명을 살리는 사랑을 부어 주셨다. 남편은 중학교 때까지 할머니와 같은 방을 썼고 깊은 밤, 할머니의 임종을 지킨 것도 그였다.

홀로 네 남매를 키우면서도 꽃을 좋아하고 소녀 같던 할머니는 분홍 카디건을 자주 입으셨다고 한다. 내가 분홍 카디건을 입을 때마다 할머니가 입던 카디건이라고 말하던 남편은 할머니에게 받은 꽃 같은 사랑을 나와 아이들에게 전해주었다.

외출했다 집에 돌아오면 그는 현관 앞으로 성큼성큼 걸어와서 아이들과 나를 안아 주었다. 부모님을 뵈러 갈 때면 나보다 먼저, 나보다 자주 엄마를 안아드렸다. 엄마의 거친 손을 잡고 눈을 맞추며 마주 보고 앉아 다정함을 건넸다. 그의 다정함은 삶과 사랑을 한 음표 안에 포개는 삶의 화음이었다.

그의 다정함을 갖고 싶었다. 그 다정함을 그에게서 가져와 부모님께 나눠 주고 싶었지만 불안한 나를 마주할 때마다 나눔의 길목에서 멈추곤 했다. 그래도 그의 다정함은 지켜주고 싶었다. 쉽게 가질 수 없는 다정함의 빛이 희미해지지 않도록 지켜주고 싶었다. 나도 그에게만은, 그것을 받는 아이들에게만은 다정한 사람이고 싶은 생각이 들었다. 사랑 표현에 어색해했던 나는 다정한 아내, 다정한 엄마로 조금씩 변해갔다.

부모가 되면서 지금까지 인식하지 못했던 상처가 나타날 때면 당황스러워 동굴 속으로 도망가고 싶었다. 그렇게 동굴로 들어가려고 할 때마다 나를 동굴에서 꺼내주고 나 대신 아이들과 부모님께 다정함을 전해주었다. 어린 시절을 관통해 성인이 될 때까지 내 마음 속 한 모퉁이를 점유하고 있던 불안을 하루 다섯 번의 포옹으로 녹여주었다. 내 속에 기름처럼 굳어있던 불안을 가슴의 온기로 데우고 기름종이를 댄 것처럼 흡수시켜 배출하게 했다. 내 속에 차갑게 굳어 집착하듯 달라붙어 있던 불안이 서서히 사라지기 시작했다.

그의 가슴에 따뜻한 온기가 없었다면, 불안이 굳어질 때 다가와 껴안아 줄 사랑이 없었다면 어떻게 지금의 나를 만들 수 있었을까. 우리 몸의 DNA 중 97%가 의미 없는 유전자 사슬이지만 단 3%에 담긴 유전자로 인해 DNA는 유전정보를 저장하는 중요한 기능을 수행한다, 남편이 가진 97% 가 의미 있지 않아도 그가 가진 3%의 다정함은 나에게 중요한 의미가 되어주었다. 그는 우리 가족이 가지지 못한 두 가지, 따뜻한 포옹과 부드러운 말투를 가졌다.

그의 다정함은 가라앉았던 나의 다정함을 존재 밖으로 꺼내기 시작했다. 밤의 우주를 떠돌던 시간과 말 못 할 아픔 몇 개를 간직한 마음은 긴 시간 동안 그의 다정함으로 조금 더 부드럽고 평온해졌다. 나를 구분 짓던 경계를 허물고 내 영혼을 열어 다정함을 흡수시켰다. 비로소 나는, 세상과 가정이라는 전체의 일부로서 내가 전해야 할 사랑과 다정함을 가지기 시작했다. 그 시간 덕분에 다른 이의 가슴에 박힌 상처를 바라볼 수 있는 눈도 갖게 되었다. 다정함은 적극적인 능동형이었다. 어느새 나는 다정함을 받는 사람에서 다정함을 전하는 사람이 되었다. 부모님에게, 우리 가족들에게.

자아에 대한 집착과 경계 구분을 의문시하고, 자신을 개방하는 법을 배울 때에만, 우리는 자신을 전체의 일부로 인식하고 전체에 대한 책임도 떠맡기 시작할 것이다.

딸아이를 껴안으며 생각했다. 나의 온기도 너에게 작은 모닥불이 되길. 그래서 너에게 엉겨 붙은 감정의 기름을 잘 녹일 수 있기를.

---

* 몸은 알고 있다, 뤼디거 달케, 이지앤, 2006

"

다정함은

삶과 사랑을 하나로 묶는 결이 고운 리듬이자 포근한 화음이었다.

엄마의 정서적 엄마가 되다

엄마가 유방암 판정을 받았다고 전화했을 때 엄마는 다른 사람 이야기를 전하듯 덤덤했다.

"유방암이란다."

엄마는 매주 가는 목욕탕에서 가슴 근처에 자리 잡은 낯선 몽우리를 발견하고는 암세포의 출현을 직감했다. 다행히 엄마의 직감은 암세포의 증식보다 빨라서 초기에 독단적인 세포를 잘라낼 수 있었다.

엄마의 수술과 방사선 치료가 끝나고도 엄마는 여전히 누군가의 도움이 필요했다. 아버지는 다리를 다쳐 깁스를 하고 계셔서 엄마가 가면 환자 한 명을 보태는 셈이었다. 우리 집에 올라오시라는 내 제안은 사위에게 신세질 수 없다며 단칼에 거절하셨다.

어느 오후, 남편과 양평에 있는 용문사에 나들이를 가다 우연히 실버타운을 발견했다.

"우리도 나중에 나이 들어서 이런 데서 살면 좋겠다."

남편의 한마디가 정신을 깨웠다. 공기 좋은 곳에서 잘 쉬고 잘 드시면 엄마의 건강이 빨리 회복될 거라는 확신이 들었다.

엄마에게 실버타운 이야기를 드리니 아이처럼 좋아하셨다. 가사 노동에서 해방되어 온전히 당신만을 위한 시간을 쓰는 생활을 엄마는 단 하루라도 해본 적이 없었다. 엄마가 처음 혼자살이를 위해 이사하던 날, 나와 남편은 차에 엄마가 쓸 세간살이를 가득 싣고 엄마의 새 아지트로 향했다. 지금 엄마에게 제일 필요한 것은 휴식과 충전이었다. 그런 면에서 엄마의 새 아지트는 말 그대로 엄마에게 쉼을 주는 '나무 그늘' 같은 곳이었다.

인덕션, 헤어드라이어, 전기장판, 내가 그린 그림, 영양제 등 엄마의 공간과 마음을 더 풍요롭게 채워줄 물건을 엄마 방 여기저기에 배치했다. 처음으로 독립하는 것이 좋으신 건지 아들, 딸, 며느리, 사위가 와서 챙겨주는 게 좋으신 건지 같이 있는 내내 좋다는 말씀을 되감기 하듯 말씀하셨다.

"어머니 이제 아무 걱정 없이 어머니 건강만 신경 쓰시면 되겠네요."
남편의 다정함은 기회를 놓치지 않고 제 할 일을 했다. 엄마와 헤어지면서 두 번이나 다정한 포옹을 건네는 남편과 그런 남편을 따뜻하게 받아주는 엄마, 그리고 그 모습을 바라보는 나. 우리는 세 점이 이어져 완성된 삼각형처럼 그렇게 안정적으로 연결되어 있었다.

스무 살이 되어 처음 집을 떠나 하숙집으로 갔던 날, 엄마는 울면서 내게 전화하셨다.
"한 번도 니를 떨어뜨려 놓은 적이 없는데 서운해 죽겠다. 잘 지내라."
내 기억에 강렬하게 남은 건 엄마의 눈물과 엄마의 "잘 지내라"라는 말이었다. 나의 독립은 그때부터 지금까지 크고 작은 바람과 뜨거운 햇빛을 견뎌 열매를 영그는 수많은 여름을 지나왔다. 어쩌면 엄마의 눈물 담은 당부가 객지 생활로 힘들 때마다 나를 오뚝이처럼 일으켜 세웠는지도 모른다.

출발하는 차 안에서 백미러로 보이는 엄마는 한참 동안 손을 흔들고 계셨다. 우리 차가 멀어져 보이지 않을 때까지 그 자리에 오뚝이처럼 서 계셨다. 집으로 가는 차 안에서 엄마에게 전화가 왔다.
"엄마 이제 잘 지낼게. 걱정하지 마."

스무 살의 나를 하숙집으로 떠나보내며 눈물짓던 50대의 엄마와, 엄마만의 아지트를 만들며 웃으며 나를 배웅하는 70대의 엄마가 내 눈앞에 교차했다. 아픔을 견뎌낸 엄마는 풍파를 견딘 느티나무처럼 단단하고 강해졌다. 스무 살에 홀로 선 나와 일흔 살에 독립한 엄마는 내 마음속에서 잘 지낸다는 한마디로 만났다. 엄마의 당부로 오뚝이처럼 일어나던 나와 내 당부로 오뚝이처럼 중심을 잡는 엄마도 그곳에 있었다.

사랑하는 사람에게 보내는 친절과 배려는 상대를 향했지만 결국 나를 향해 돌아왔다. 고맙다는 말을 듣지 않아도 웃음 하나로 기뻤고, 잘했다는 말을 듣지 않아도 잘 지낸다는 한마디로 보상받았다. 엄마가 내게 하던 당부가 엄마가 내게 하는 다짐이 된 순간, 나는 엄마의 정서적 엄마가 되었다. 이제는 돌아가시고 없는 외할머니 대신 엄마에게 마음을 기울이는 정서적 엄마!
엄마가 잘 지낸다고 전화한 순간이 아직도 내겐 서정이다. 엄마의 나 홀로 시간은 엄마의 영혼에 조금 더 아름다운 별을 갖게 해줄 것이다. 두 분이 지나온 모든 날이 아름다운 추억일 순 없으나 남은 날은 추억이 되길, 따로 지내는 이 시간이 존재의 소중함을 느끼는 온기의 시간이 되길. 현재라는 빛에 감사하며 그 빛을 따라 걷는다.

지혜롭고 친절한 사람이 느끼는 기쁨은 그 자신의 양심에 있는 것이며 남들의 입술에 있는 것이 아니다. 우리의 삶과 영혼은 타인과 연결되어 있다. 그러므로 타인을 위한 선행은 곧 자기 자신을 위한 것이다.

"

엄마가 내게 하던 당부가
엄마가 내게 하는 다짐이 된 순간,
나는 엄마의 정서적 엄마가 되었다.

---

* 살아갈 날들을 위한 공부, 레프 톨스토이, 위즈덤하우스, 2025

감정 이입이 아닌 감정 독립

몇 년 전, 수십 년 동안 엄마의 마음에 쌓였던 화가 마른 잎에 불을 붙여 엄마의 들판을 태우고 그 불꽃이 아버지의 들판을 향한 적이 있었다. 아버지는 그 불꽃을 끄지 않으셨고 두 분은 각자의 들판을 태우셨다. 검은 아버지의 들판을 보고 있으면 아버지의 들판이 애처롭고 황량한 엄마의 들판을 보고 있으면 엄마의 들판이 안타까웠다. 나는 아버지와 엄마의 들판 가운데 있는 울타리 위에 올라 어느 쪽으로도 편히 착지하지 못하고 불안과 걱정으로 발끝을 움찔거렸다. 부모님의 감정에 이입하고 있을 땐 감정의 파도가 정신이 쌓아 올린 집을 하나씩 집어삼켰다.

그러다 철학을 알기 시작하면서 나와 부모님 모두를 위해 내 들판에 서야겠다는 생각이 섰다. 자극이나 감정에 민감하게 반응하는 감정 이입이 아니라 감정 독립을 하기 위해 의식을 깨웠다. 의식은 감정의 바람에 번지는 불을 막는 힘을 가지고 있고, 정신은 마음의 들판에 붙은 불을 끄는 힘을 가지고 있다. 일어난 사건을 바라보는 내 시선에 어둠을 밝음으로, 고통을 성장으로, 걱정을 믿음으로 바꾸는 힘을 주었다.

* 나는 내가 느끼는 감정들에 결코 내 자신을 완전히 맡겨버리지 않습니다. 항상 어느 정도 거리를 두고 그것들에 대해 관찰자적 태도를 가집니다. 내가 온 존재를 바쳐 몰두하는 단 한 가지의 일은 '바라보는 일'입니다.

감정에 빠졌던 나는 의식의 다리 위로 올라와 정신의 세계로 건너갔다. 두 분의 관계도 자연의 섭리로 이해했다. 두 분의 관계는 두 분의 마음에 달려 있었다. 내가 같이 슬퍼하고 화내고 고통받는다고 해서 달라질 것이 없었다. 그저 나의 성찰과 통찰을 위한 노력이 부모님께 가닿을 거라고 믿었다. 두 분이 살아온 세월을 이해하고 지금의 두 분의 관계에 대해 인식하며 내가 하고 싶은 말을 전했다. 부모님의 감정에 이입하지 않고 그 감정을 이해하기 시작했다.

그 과정을 지나며 서로에게 불필요한 감정은 흡수되고 서로에게 필요한 곳에 집중할 힘이 생겼다. 서로의 감정과 행복에 부정적인 영향을 주지 않지만 서로를 생각하는 애틋함이 생겼다.
관계에 있어 고통과 걱정은 나의 욕망에서 비롯된다. 아이들이 내 뜻대로 자라줬으면 하는 기대, 부모님이 잘 지내줬으면 하는 바람, 사람들이 나에게 친절했으면 하는 욕심.

딸이 대학을 가며 왕복 3시간 거리를 통학하다 보니 학교 근처에서 살고 싶어 했다. 아직 딸을 세상으로 보내지 못한 나는 1학기만 같이 살자고 했다. 그러다 어느 날 대학생이 된 딸에게 고등학생 때처럼 잔소리하는 나를 발견하고 나를 의식적으로 멈춰 세웠다. 나의 정신이 이제는 딸을 독립시

---

* 구도자에게 보낸 편지, 헨리 데이빗 소로우, 오래된미래, 2005

킬 때라며 뒤통수를 가격했다.

*** 중립적이라는 것은 상대적으로 결과에 집착하지 않음을 뜻한다. 자기 마음대로 하지 못하는 것이 더 이상은 패배, 끔찍한 일, 혹은 좌절을 안겨 주는 것으로 경험되지 않는다.*

딸이 찾아 놓은 하숙집을 알아보고 그곳으로 데려다주었다. 하숙집에 짐을 풀고 같이 점심을 먹으며 30년 전 내가 대학교 근처 하숙집으로 떠나던 날 이야기를 딸에게 해줬다.
"할머니가 엄마를 하숙집에 데려다주고 집에 도착해서는 울면서 전화하셨어."
"외할머니는 왜 그렇게 우셨어요?"
딸의 질문을 듣고는 엄마가 아버지로 인한 힘든 마음을 나를 보며 기쁨으로 바꾸고 사셨겠다는 생각이 스쳤다.

어제는 딸이 먼저 안부를 물어왔다.
"엄마 오늘은 잘 지내요? 잠깐 쉬고 있는데 그냥 보고 싶어서 연락해 봤어요."
딸과 물리적 거리가 멀어지니 심리적 거리는 더 가까워졌다. 딸을 보내고 마음 한구석이 허전하고 헛헛했지만 엄마처럼 눈물이 나지는 않았다. 나에겐 책도 있고, 글도 있고, 일도 있었다.
엄마에게 전화를 걸었다.
"엄마, 나 대학교 하숙집에 보내 놓고 울면서 전화했던 거 기억나요? 왜

** 의식혁명, 데이비드 호킨스, 판미동, 2011

그렇게 울었어요?"

"그때는 마음이 힘들고 하니까 엄마가 너한테 의지를 많이 했지."

책도, 글도, 다정한 남편도 없었던 엄마의 눈물이 이해됐다.

여전히 투닥투닥 다투시기는 하지만 엄마에게는 요리와 설거지를 해주는 남편이 있고 현재에 감사하는 마음이 있다. 엄마도 이제 엄마의 들판에 불던 감정의 바람에서 독립했나 보다.

*** 사람들은 대부분 자신이 행복해지겠다고 마음먹는 만큼만 행복하다.

"

의식은 감정의 바람에 번지는 불을 막는 힘을 가지고 있고,
정신은 마음의 들판에 붙은 불을 끄는 힘을 가지고 있다.

*** 미국의 제16대 대통령 에이브러햄 링컨(1809~1865)의 명언

엄마와 나를 연결한 우주 언어

엄마는 삶이 무거울 때면 우리에게 나눠줄 따뜻함을 잠시 접어 두곤 했다. 지친 영혼을 달래려 날갯짓을 쉬는 어미 새처럼 사랑을 물어다 입에 넣어 주는 따뜻함을 잠시 멈추었다. 엄마의 쉼은 나에겐 서운함이었지만 결국 엄마를 살리는 힘이 되었다는 걸 마흔이 넘어서야 깨달았다.

경상도를 떠나 경기도에서 혼자 직장을 다니다 보니 크고 작은 일을 혼자 결정해야 했다. 엄마를 지키려고 애쓰던 어린 시절을 지나 보내고 인생의 여름을 맞이하면서 내 열매를 단단하게 만들기 위해 강한 햇빛을 홀로 감당하려 애썼다. 엄마를 두고 멀리 떠나온 미안함과 나까지 걱정을 보탤 수 없다는 여린 배려, 엄마에게 힘듦을 이야기하는 것이 나눗셈이 아니라 제곱이 된다는 생각에서였다. 힘들 땐 목소리에서 힘듦이 새어나갈까 봐 전화하지 않았고 바쁠 땐 바빠서 전화하지 못했다. 그렇게 엄마와 나의 통화 간격은 심리적 간격과 함께 벌어졌다.

결혼하고 두 아이의 엄마가 되었다. 엄마는 가끔씩 전화해 힘든 마음을 하소연하셨다. 내 마음이 풍요로울 땐 엄마의 푸념을 듣고 마음을 나눌 여유가 있었지만 내 마음이 바닥을 드러내거나 엄마의 감정이 폭풍처럼 휘몰아칠 때는 쪼그라든 마음으로 나 자신을 지키기에도 벅찼다. 감정의 동요가 내 생활을 흔들었고 아이들과 행복을 쌓는 데 영향을 미쳤다. 내 아이들을 지키기 위해선 내 영혼이 더 강해지고 내 무게중심이 더 묵직해야 했다.

어느 날 약국에서 약을 사고 있는데 30대로 보이는 여성이 친정엄마와 통화를 하고 있었다. 아이 학교에서 있었던 문제를 친정엄마에게 자세히 이야기하면서 의논하는 듯했다. 나는 한 번도 엄마에게 일상의 사소한 문제를 의논한 적이 없었다. 엄마의 무거운 짐 위에 나의 짐까지 올릴 수 없었다. 그런 배려의 마음은 엄마와 나 사이를 더 멀어지게 했다.

원래 가족은 사소하고, 특별하지 않은 일상도 나누면서 가까워지고, 남들에게 말하지 못하는 부분까지 공유하면서 끈끈해지는 감정의 연대로 이루어진 혈연관계다. 내가 어떤 슬픔을 느끼는지 어떤 걱정이 있는지 털어놓지 못하니 엄마와의 통화는 건조하고 형식적으로 변해갔다. 시간이 많이 흐른 뒤에 내 감정의 소용돌이가 잠잠해지고 난 뒤 생선을 반토막 내듯 아팠던 마음의 반을 싹둑 잘라내고 단단하게 남은 뒷부분만 전할 뿐이었다.

부모가 힘들어하는 걸 보며 자란 아이는
힘든 일이 있어도 부모에게 털어놓지 못한다.
자식이 힘든 짐을 내려놓고 기대어 쉴 수 있는
큰 나무 같은 부모가 되려면
부모 자신이 단단하게 바로 서야 한다.

몇 년 전 엄마의 암 진단 소식을 듣고 어쩌면 엄마를 한 번도 안아 주지 못하고 떠나보낼 수도 있다는 생각이 망치처럼 나를 내리쳤다.

언젠가 훌쩍 내 곁을 떠날지도 모르는 엄마를 생각했다. 처음이라 쑥스러울 뿐, 하다 보면 괜찮을 거라고 용기를 주는 아들을 생각하며 엄마를 안아 주기 위해 엄마에게로 갔다.

내가 엄마에게 보이는 감정의 농도가 솔직하고 진할수록 사이도 가까워지고 상처도 없어진다는 걸 그때 서야 깨달았다. 수술을 무사히 끝낸 엄마를 만나던 순간, 나는 엄마를 꼭 안아드렸고 엄마는 내 등을 가만히 쓸어 주었다.

중년이 되어 일상에서 부모님을 잊고 살아갈 수 있는 건 부모님의 몸과 마음이 크게 편찮으시지 않은 덕분이고 부모님을 생각했을 때 눈물이 나지 않는다는 건 건강하게 살아계신 덕분이었다.

더 젊었을 땐 엄마와 아버지가 서로를 더 따뜻하고 애틋하게 대했으면 좋겠다고 생각했다. 엄마가 아프고 난 후에야 엄마에게 그런 마음을 바라는 것도 나의 욕심이라는 걸 알게 되었다. 엄마의 마음이 무엇이든 그것을 존중해줘야 했다.

"엄마, 사랑해"
엄마와 통화를 하다 처음으로 사랑한다고 말했다. 엄마를 깊이 이해하고 엄마를 존중한다는 사랑의 표현이었다. 옹알이만 하던 아기가 처음으로

"엄마"하고 부르는 순간처럼 그 순간이 너무나 소중해 엄마와 나는 서로에게 사랑한다고 말하며 눈물을 흘렸다. 힘들었던 엄마에게 이제야 "사랑해"를 말한 무심한 딸이라며 자책하지 않기로 했다.

엄마의 정신이 온전할 때,
엄마가 누워 있지 않고 걸어 다닐 수 있을 때,
엄마가 내 말을 잘 알아들을 수 있을 때,
"사랑해"라고 말할 수 있음을 감사하기로 했다.
"사랑해"라고 말한 후의 눈물이 미안함과 슬픔의 눈물이 아닌 기쁨과 공존의 눈물임에 안도했다.

엄마가 나에게 말했다.
"내가 니를 안 낳았으면 어쩔 뻔 했노."
내 가정을 세우기 위해 엄마의 아픔을 외면한 시기를 엄마는 이해해 주었고, 엄마의 쉼의 시간을 나도 이해하게 되었다. 이제 엄마와 나는 남겨진 상처 없이 서로를 안아줄 수 있었다.

'엄마가 나를 낳아줘서 지금의 소중한 가족도 만나고 세상의 행복도 알게 되었잖아요. 엄마는 이제 꽃씨가 되어요. 이 예쁜 봄에 아름다운 작약으로 다시 피어나요.'
참 먼 길을 돌아왔다. 원래 삶의 길은 끝이 있는데 원하고 바라는 마음이 끝이 없다면 소망보다 삶이 먼저 끝날 것이다. 엄마의 암 발병은 우리 가족에게 망치가 되어 삶에 끝이 있다는 걸 알려주었다. 소망하기보다 행동으로 사랑을 표현해야 함을 나에게 알려주었고, 아버지가 엄마의 따뜻한 보호자가 될 기회를 주었다.

엄마와 나의 언어는 요구하고 원하는 언어가 아니라 서로를 애틋하게 여기고 격려하는 언어로 채워졌다. 엄마와 나의 말투는 투박한 건조함에서 부드러운 따뜻함으로 변했다.

통화가 뜸한 사이에서 자주 통화하는 사이가 된 엄마와 나는 각자 주어진 하루를 열심히 살아가다 서로를 생각하는 애틋함과 애정이 연결될 때 따뜻한 대화를 나누는 사이가 되었다.

오랫동안 접혀 있던 엄마와 나의 책은 새롭게 펼쳐진 페이지 위에 많은 대화를 써 내려가고 있다. 엄마와 나를 연결하는 사랑의 언어로.

사랑은 우주의 리듬을 완전히 인식하고 통합하는 느낌을 전해주는 부드럽고 미묘한 힘이다.

---

* 엔트로피, 제레미 리프킨, 세종연구원, 2015

"

원래 삶의 길은 끝이 있는데
원하고 바라는 마음이 끝이 없다면
소망보다 삶이 먼저 끝날 것이다.
그러니 사랑을 주는 삶을 살아야 한다.

내 생의 가을에 만나는 부모님의 여름

첫 아이로 태어난 오빠는 밤이 되면 한순간도 울음을 멈추지 않았다. 아버지가 밤을 새우고 출근하는 일이 일주일 넘게 이어지자 엄마는 우는 아기를 둘러업고 밤새 논길을 걸었다. 눈 내리는 밤이 오면 눈이라도 맞을까 봐 아기를 두꺼운 옷으로 덮은 뒤, 하얀 밤길을 걷고 또 걸었다.

검은 하늘에선 밤새도록 하얀 눈이 내렸고 엄마의 눈에선 눈물이 내렸다. 아기를 향한 애정과 자신을 향한 애처로움이 용암처럼 뜨거워져 생의 의지를 만들었다. 아이를 키우는 것은 마음의 밑바닥을 걷는 것이란 걸 차가운 눈을 뜨겁게 맞으며 알아갔다.

아기가 울다 제풀에 지쳐 잠이 들면 방 안에 조심스레 눕혔다. 엄마는 이대로 설핏 잠이 들면 일어나지 못할까 봐 그대로 부엌으로 향했다. 엄마의 엄마가 옆에 있었다면 잠 못 자고 고생한다며 눈 좀 붙이라고 했을 게 분명한데 엄마의 엄마는 그곳에 없었다. 엄마는 아궁이에 불을 피워 아침밥을 하고 시동생 네 명이 가져갈 도시락 여덟 개를 쌌다. 식구 9명의 식사와 새참을 준비하는 일은 밑 빠진 독에 물을 채우는 일이었다.

시간이 흘러 엄마가 채우던 밑 빠진 독에 구멍을 막아주는 두꺼비가 나타났다. 삼촌들이 성인이 되고 엄마를 안쓰럽게 생각한 둘째 삼촌이 아버지에게 다른 도시에 있는 직장을 소개한 것이다. 오빠가 다섯 살이 되던 해, 세 식구는 창원에서 수원으로 이사를 갔다. 끝나지 않을 것 같은 힘든 시간도 포기하지 않고 버티면 언젠가는 버티길 잘했다고 말할 날이 온다. 아무도 알아주지 않을 것 같은 아픈 시간도 누군가는 알아준다.

밤새 밖을 돌아다녀야 잠들던 오빠는 여전히 밖에서 노는 걸 좋아했다. 생각할 겨를 없이 곧바로 실행에 옮기는 오빠 덕분에 엄마는 다른 사람들에게 사과할 일이 많았다.

오빠는 사춘기를 겪으며 정글을 닮은 자신만의 세계를 만들어갔다. 사춘기인 오빠가 불면증으로 고통 받는 아버지를 완전히 이해하기는 힘들었다. 20대 중반부터 수면제를 먹으며 가장으로서의 자리를 지켜냈지만, 아버지의 영혼은 흔들릴 때가 있었다.

심리학자 김경일 교수는 잠을 못 잤을 때는 결정을 하지 말고, 배가 고플 때는 물건을 사지 말라고 충고한다. 수면 부족은 뇌의 판단을 흐리게 하여 잘못된 결정을 하게 하고, 배고픈 상태에서의 쇼핑은 과소비나 사치로 이어질 가능성이 높다는 것이다. 어쩌면 수십 년 동안 수면제를 복용해 온 아버지가 30년의 직장 생활을 견딘 것이 우리 집의 가장 큰 기적일지도 모른다.

초등학교 여름 방학 때 이모네 가족이 우리 집에 놀러 왔다. 한밤중에 시끄러운 소리에 놀라 잠이 깼다. 불 켜진 오빠 방에 오빠는 없었고 책상 위에 그리다 만 포스터와 물감만 나를 쳐다보고 있었다. 엄마도 아버지도 집에 없었다. 아버지는 반항 카드를 내놓고 도망간 아들을 쫓아갔을 것이고, 엄마는 아들을 보호하려고 아버지를 쫓아갔을 것이다.

"오빠가 아버지한테 자주 저러는 거야? 무섭다."

잠이 덜 깬 나에게 이모는 질문 같은 혼잣말을 했다. 엄마와 아버지는 오빠의 정글로 순식간에 초대되었다. 나는 세 사람을 기다리다가 졸음을 참지 못하고 잠이 들었다.

오빠는 자신에게 무섭다고 말한 이모에게 진짜 무서운 맛을 보여줬다. 아빠가 다락에 보관해 놓은 면세 양주를 몰래 마시고 보리차로 채워 놓은 것이다. 그 사실을 모르는 엄마는 이모에게 양주를 선물했고 이모부는 직장 상사에게 선물했다. 양주와 색깔은 같지만 '숙성' 대신 '부패'가 일어난 보리차는 이모부의 상사에게 천둥 같은 설사를 만나게 했다. 엄마는 아들이 저지른 사고에 대해 사과해야 했다. 엄마의 사과는 이모에게, 오빠의 담임 선생님에게 종종 내줘야 했기에 마음에서 계속 열려야 했다.

어쩌면 오빠는 태어나면서부터 울음으로 세상에 반항을 시작했는지 모른다. 누구나 가야 한다고 생각하는 길에서 벗어나 당당히 자신만의 길을 갔다. 다행히 오빠가 큰길에서 벗어나 험난한 샛길로 빠지려고 할 때마다 아버지는 오빠를 포장된 큰길로 안내했고 오빠는 제 궤도를 찾았다. 아버지의 조언은 오빠의 정글을 풍성한 숲으로 만들어줬다.

한번은 아버지와 같은 직장에 입사하기 위해 공부하던 오빠가 다른 과목을 공부하고 있는 것을 시험 며칠 전에 아버지가 발견했다. 오빠는 바로 과목을 바꿔 공부했고 며칠 뒤 지원한 분과에서 1등으로 합격했다. 자식을 키워 보니 부모님이 그 순간 얼마나 기쁘셨을지 더 깊이 공감하게 된다. 내가 1등 한 것보다 자식이 1등 했을 때가 더 기쁘고, 내가 행복할 때보다 자식이 행복할 때 더 행복한 게 부모 마음이다.

직장을 멀리 잡고 떠난 나와는 달리 오빠는 부모님 곁에서 자신의 정글을 숲으로 가꾸며 어른이 되어갔다. 결혼 후에도 지척에 살며 아버지가 편찮으실 때, 도움의 손이 필요할 때 아버지 곁으로 달려와 줬다. 엄마의 마음에 쉼이 필요하면 물리적, 심리적 쉼터를 만들어 줬다. 그 옛날, 엄마가 밤새 우는 오빠를 업고 헤맬 논길이 필요했듯이, 엄마가 울고 싶을 때 오빠는 엄마의 논길이 되어 주었다.

나도 오빠도 인생의 가을을 맞았다. 우리의 가을에서, 뜨거웠던 부모님의 여름을 만난다. 뜨거운 태양 아래 삶을 짓느라 땀을 뻘뻘 흘렸지만, 마음은 추웠던 그분들의 여름을 바라본다. 인생의 가을에 수확한 열매를 부모님에게, 가족에게, 다른 사람에게 나눠 주는 것이 곧 자신에게 주는 행복이라는 사실을 알아간다.

두 분을 가장 걱정시킨 사람도 오빠였지만 엄마가 가장 슬플 때 곁에 있었던 사람도, 아버지가 가장 아플 때 곁에 있어준 사람도 오빠였다. 세 사람이 서로 주고받은 마음은 내가 알지 못하는 우주를 담고 있다.

그 후 해외 출장길에서 오빠는 비행 내내 우는 아기를 만났다. 살다 보면 잊고 있던 자신의 모습을 타인에게서 발견하게 된다. 자지러지게 우는 아기와 아기를 달래지 못해 쩔쩔매는 아기 엄마를 보며 오빠는 우는 아기를 업고 논두렁을 헤매던 엄마를 조우했다.

우리 삶의 여름을 지냈다고 해서 부모님의 여름을 다 이해할 수는 없을 것이다. 가끔은 삶의 가을 중반에 우연히 만난 아기 덕분에 부모님의 여름을 이해하고, 삶의 가을 초입에 우연히 가진 쓰는 취미 덕분에 부모님의 봄을 이해하기도 한다.

"아기 우는 거 보면서 엄마 생각이 많이 나대요. 밤새 우는 아기 키우느라 고생 많았습니다."
비행기에서 울었던 아기 덕분에 오빠는 엄마를 더 깊이 이해하는 영혼을 가지게 됐다.
삶의 순간을 놓치지 않는 눈길 끝에 평소에 보지 못하던 나의 모습을 마주하고, 기적으로 여겨지는 변화를 만나게 된다.

주의 깊게 바라보면 모든 변화는 기적으로 여겨질 수 있다. 그리고 그런 기적은 우리 주변에서 매 순간 일어난다.

_____

* 월든, 헨리 데이비드 소로우, 현대지성, 2021

"

삶의 순간을 놓치지 않는 눈길 끝에
평소에 보지 못하던 나의 모습을 마주하고,
기적으로 여겨지는 변화를 만나게 된다.

삶은 앞뒤가 다른 양면 카드

태풍은 나무를 쓰러뜨리지만 바람은 나무를 더 단단히 서게 한다. 바람에 흔들리는 나무는 쓰러지지 않기 위해 땅속 깊이 뿌리를 내리고, 열매가 달린 가지를 지키기 위해 잔가지를 날려버린다. 엄마에게 찾아온 병은 엄마에게 생의 의지를 강하게 불어넣었고, 사소한 불평과 불만의 가지를 잘랐다.

엄마를 향한 어두운 걱정 대신 밝은 긍정으로 빛을 비춰야 하는 시간이 왔다. 대학교 때부터 혼자 살며 일찍 독립한 탓인지 나는 엄마에게 곰살맞게 굴지 못했다. 엄마가 편찮으시고 나서 '나는 원래 엄마에게 사랑 표현을 잘 못해.'라는 인식을 벗어던지기로 했다. 어둠 속 별이 되어 엄마를 밝히는 게 우선이었다.

사람을 사람답게 만들고 지혜를 얻도록 만드는 것은 고난과 시련이다.

---

* 나를 아는 지혜, 발타자르 그라시안, 하문사, 1997

엄마의 몸에 생긴 수술의 상처와 마음의 상처가 모두 잘 아물 수 있도록 슬픔 대신 따뜻한 빛으로 내 마음부터 채웠다. 병원에서 엄마의 손을 잡고 병동을 걸으며, 엄마가 병원에서 먹을 반찬을 만들며 내가 채운 빛을 엄마에게로 보냈다. 온 가족이 엄마의 완치를 바라는 마음으로 하나가 됐고 엄마는 수술도, 방사선 치료도 잘 견뎌내셨다.

얼마 후, 엄마는 풍광이 좋은 실버타운에서 생애 처음으로 당신만을 위한 삶을 사셨다. 엄마는 인생에서 처음으로 매일 남이 해주는 밥을 드시면서 혼자서 자신만을 위해 사는 삶을 경험하셨다. 엄마의 영혼은 움츠렸던 허리를 펴고 자유롭게 비상하기 시작했다. 시간이 갈수록 엄마가 가진 빛이 본연의 색을 내고 있었다. 삶의 주름이 펴져서인지 엄마의 얼굴에 있던 주름도 조금씩 사라지기 시작했다.

"엄마, 얼굴에 있던 주름 다 어디 갔어요? 얼굴색도 너무 환해졌어요."

아버지와의 물리적 거리는 서로의 심리적 거리를 더 가깝게 했다. 두 분은 헤어질 때 "여보, 잘 지내소." 하며 덕담을 주고받았다. 서로의 상처에 힘들어하던 두 분은 떨어져 지내며 각자의 심리적 거리를 좁히셨다.

⁂ 변화하는 과정에 병든 것이 있다면, 병이란 유기체가 낯선 것으로부터 자신을 구출하는 수단임을 기억하십시오.

** 젊은 시인에게 보내는 편지, 라이너 마리아 릴케, 디자인이음, 2020

사건은 어느새 과정으로 변해있었다. 엄마의 병은 결과적으로 엄마를 구원하는 수단이 되었다. 흩어졌던 가족의 마음을 모아 하나의 길로 이어지게 했다. 엄마의 병은 엄마의 삶에 진정한 쉼을 주는 계기가 됐고 나에게 쓰는 삶을 시작하게 하여 이 책을 잉태했다.

살면서 우리에게 오는 수많은 사건은 앞뒤가 다른 양면 카드이다. 사건이 양면 카드라는 걸 인식하지 못한다면 내게 보이는 면만 보고 좌절하고 원망할지도 모른다. 하지만 모든 일에 항상 이면이 존재한다는 사실은 삶의 위로이자 위대한 해석이다. 사건의 이면까지 볼 수 있어야 삶을 제대로 해석할 수 있다. 빛이 있어 어둠이 있고, 어둠이 있어 빛이 있다는 사실을 잊지 않기로 했다. 삶의 이면을 찾아내는 것은 곧 삶에 대한 충실함이다.

"

살면서 우리에게 오는 수많은 사건은 앞뒤가 다른 양면 카드이다.
사건의 이면을 찾아내는 것은 곧 삶에 대한 충실함이다.

의식은 감정의 바람에 번지는 불을 막는 힘을 가지고 있고,
정신은 마음의 들판에 붙은 불을 끄는 힘을 가지고 있다.

단상 넷 ,
진정한 자존감

자부심은 내가 한 일이나 행위를 나의 능력으로 인한 결과로 여기며 몸집을 키운다. 여러 가지 일의 상황이 작은 톱니가 되어 나의 일과 맞물려 잘 돌아가는 사실을, 누군가가 내뿜은 에너지가 시너지를 만들어 일의 능률을 올린 사실을 잊게 만든다.

때론 자식의 일과 능력을 자신의 것으로 착각하기도 하고 부모의 능력에 목마를 타고 다니기도 한다. 목도리도마뱀처럼 목주름을 과도하게 부풀리며 자신의 존재를 과장해 보여주려 한다. 그러다 펼친 목도리가 너무 커져 다른 사람의 감정을 건드리는 경계까지 이른다.

목주름을 펼친 채로 이상한 걸음걸이로 뒤뚱거리며 걸어 다닌다.
너무 커진 목주름 탓에 옆에 있는 사람도 돌아보지 못한다.
너무 커진 자아 탓에 눈앞에 있는 대상과 자신만을 인식한다.

자존감은 스스로를 귀하게 여기고 존중하지만 우쭐하지 않는다.

자부심의 시선은 외부를 향하고 자존감의 시선은 내면을 향한다.

자존감은 상대의 감정에 침범하지 않는다.

숲속에 선 나무처럼 겸손하게 햇빛을 받고 자신을 소중히 여기며 일한다.

봄이면 꽃을 피우는 자신을 귀하게 여기고 여름이면 잎을 무성하게 만드는 자신을 소중히 여긴다.

가을이면 자신을 보호하기 위해 잎을 떨어뜨리고 겨울이면 조용히 침잠하며 수액을 멈추고 삼계절 동안 고생한 자신을 쉬게 한다.

자존감의 나무는 어느 계절에 무슨 일을 해야 가장 자신다워지는지 안다.

그 계절에 가장 어울리는 자신의 모습을 지키며 제 자리에 굳건히 서 있다.

봄에 이른 장마가 와도 서둘러 여름을 기다리며 성급하게 꽃을 떨어뜨리지 않는다. 여름에 햇빛이 강해 힘들다고 서둘러 잎을 떨어뜨리며 가을을 재촉하지 않는다. 내가 어떤 모습이든 소중하게 보호한다.

자존감은

추운 겨울에 잠자는 자신도 아름답게 지켜주는 마음,

잠자는 나무에서 비축하는 힘을 믿는 마음,

그렇게 단단하게 키운 줄기로 세상에 올곧게 서는 마음이다.

이른 봄, 나무가 겨울잠을 끝냈을 때 수액은 가장 힘차게 흐르기 시작한다.

다른 이에게도 자신의 수액을 내어주는 여유를 가진다.

메이플 시럽 같은 삶의 달콤함을 공유한다.

겨울을 보낸 자존감이 다시 봄을 맞이하며 성장하는 순간이다.

자부심에 찬 사람이 끊임없이 방어적인 것은 허세를 부리고 부인하는 태도는 상처를 쉽게 받기 때문이다. 역으로 겸손한 사람이 굴욕감을 느낄 수 없는 것은, 자부심을 놓아버린 덕에 자부심에 상처받을 일이 없기 때문이다. 그들의 마음속에는 자부심 대신 안도감과 자존감이 있다.

나에겐 처음으로 집을 떠나 학교에서 아이들을 처음 만났던 스물과 서른의 중간쯤이 자존감을 세우는 시간이었다. 나는 아이들에게 신뢰와 애정을 보냈고 아이들은 내가 보낸 가치를 행위로 실천하며 조금씩 변해갔다. 아이들의 변화는 나이테를 겹겹이 두르며 단단해지는 나무처럼 가치와 의미를 쌓아 나의 존재감을 공고히 했다.

단단한 존재감은 자존감의 나무를 잘 서게 하고 바람에 흔들리지 않게 한다. 자부심을 버리고 존재감을 쌓아갈 때 진정한 자존감은 존재 안에서 빛을 발한다.

* 놓아버림, 데이비드 호킨스, 판미동, 2013

"

자부심을 버리고 존재감을 쌓아갈 때
진정한 자존감은 존재 안에서 빛을 발한다.

아버님이 물려주신 유산

내가 아버지의 고통을 이해하려 강을 힘들게 건널 때 남편은 아버지에 대한 존경의 강에서 유영했다. 그 여유로운 유영 속에서 힘들게 강을 건너는 나를 만날 때면 부드럽게 물살을 수용하는 법을 알려줬다. 남편은 언제나 아버님을 마음에 품고 흰 새벽 첫 이슬에 영혼을 적시는 것처럼 마음을 바로잡고 살았다.

아버님은 아들에게 늘 말씀을 아끼셨다.
아버님의 말씀은 잔소리가 되는 경우가 없었다.
마음에 박히는 별처럼 딱 한 마디만 하셨다.
그런 아버님이 아들을 유일하게 혼낼 때란
쌍둥이 동생과 싸우거나 배를 가지고 놀 때였다.
매일 새벽 바다가 깨어나기 전에
바다가 꺼내 놓은 보물을 건져 올리러
배를 타던 아버님은 아들의 승선을 원치 않으셨다.
"너는 배를 타지 말아라."

뭐가 되라는 말은 하지 않으셨지만 배는 타지 말라고 하셨다.

다행히 아들은 바다를 품으며 꿈꾸지 않고

하늘을 보며 꿈을 키웠다.

아들이 몇 년 동안 모은 큰돈을 주식 투자로 날렸을 때

아버님은 아들에게 딱 한 마디만 남기셨다.

"싸게 좋은 경험 했다."

결혼 전 아버님을 처음 뵌 날, 아버님은 말없이 내게 봉투를 주셨다. 그 안에는 10만 원 수표 한 장과 한 줄 편지가 들어있었다.

"이 수표는 돈으로 보지 말고 종이로 보면 마음이 편할 것이다."

10년 전 아버님은 돌아가셨고 남편은 입대한 아들의 아버지가 되었다.

남편은 아들을 키우면서 한계에 부딪힐 때마다 돌아가신 아버님을 생각한다고 했다.

'아버지라면 뭐라고 말씀하셨을까?'

남편이 연병장으로 가는 아들에게 마지막으로 말했다.

"아들아, 혹시 힘든 친구들 있으면 도와줘라."

남편이 아버님을 가슴에 담고 아들을 위해 남긴 한마디였다.

입대 후 처음으로 아들에게 전화가 왔다.

"엄마, 나 잘 지내고 있어요. 걱정하지 마세요."

아들의 씩씩한 목소리에 목구멍으로 울컥 솟구쳤던 울음이 도마뱀 꼬리 자르듯 잘려 나갔다.

아들에게 말했다.

"아들아, 힘든 친구를 잘 도와주라는 아빠 말이 참 멋있었어. 아빠 말씀처

럼 힘든 친구들 있으면 잘 도와줘라."

아빠와 통화하고 싶다는 아들에게 아빠는 비행기 안이라 통화가 어려울 거라고 했다.

다음 날 남편이 아들에게 받은 메시지를 캡쳐해서 내게 보내왔다.

「아버지 저는 잘 지내고 있습니다.

걱정하지 마세요.

사랑하고 존경합니다.」

아들의 '아버지 존경하고 사랑합니다'는 힘겹게 강을 건너던 내게 생의 보상이 되어 주었다. 아버님은 아들에게 배를 타지 말라고 하셨지만, 아들이 사랑하는 사람과 강을 잘 건널 수 있는 '존중과 존경의 배'를 주고 가셨다. 아버님이 남긴 정신의 유산은 남편을 통해 나에게 스며들었고 아들에게 전해졌다.

*높은 의식 수준은 그 자체에 타인을 치유하고, 변화시키고, 일깨우는 힘이 있다.

정신의 유산은 대를 이어 전할수록 깊어지고, 나눌수록 풍요로워진다. 부모가 자신을 바로 세워야 하는 이유이다.

---

* 몸은 알고 있다, 뤼디거 달케, 이지앤, 2006

"

정신의 유산은
대를 이어 전할수록 깊어지고, 나눌수록 풍요로워진다.
부모가 자신을 바로 세워야 하는 이유이다.

남은 계절을 잇는 생의 이음

유방암 수술 후 요양을 위해 엄마가 실버타운에 들어가셨을 때 아버지와 엄마는 한 달에 두세 번 만나셨다. 내가 엄마를 보러 실버타운에 내려가면 아버지도 그곳으로 오셨다. 두 분과 함께 점심을 먹고 식당에서 나올 때 낮은 계단 앞에서 숨을 고르는 엄마의 손을 아버지가 가만히 잡아주셨다. 아버지가 엄마에게 내민 손은 엄마의 움직임을 바라보던 아버지의 다정한 눈길 끝에 내민 배려였다.

손을 잡고 걸어가는 두 분의 뒷모습이 함께 비바람을 견디고 찬 서리를 이겨낸 봄나무처럼 평온했다. 생의 봄, 여름, 가을을 보내고 모질게 추웠던 겨울도 견뎌 마침내 인생의 봄을 맞이하여 내 앞에 서 계셨다.

집으로 돌아와 엄마와 못다 한 이야기를 나눴다.
"엄마, 아버지랑 손잡고 가는 뒷모습이 너무 아름다웠어요."
"저번에 아버지 만나서 안과 갈 때 내가 '당신 손 좀 잡아보자' 하면서 손잡고 있었다. 내가 '당신 손이 참 따뜻하네' 그랬다."

엄마가 말하는 아버지 손의 따뜻함이 원래 아버지가 가졌던 삶의 체온이었다. 잡은 손을 통해 아버지가 가진 삶의 온도를 손과 마음으로 느끼셨을 것이다.

그날 엄마는 헤어지는 아버지에게 말했다.
"여보, 잘 지내소."
숭늉처럼 담백한 덕담 한마디를 남겼다.
노부부가 손을 잡고 걷는다는 건 서로의 남은 계절을 잇는 생의 이음이었다.

동네 공원을 산책하다 손을 잡고 천천히 걸어가는 노부부를 마주쳤다.
할머니가 몸이 불편한 할아버지의 속도에 맞춰 걷고
할아버지가 할머니의 굽은 허리를 생각해 걸으셨다.
삶에서 손을 잡는다는 건 삶의 속도를 맞추는 일이었다.

당신이 가는 길에 기꺼이 함께 하겠다는 동행의 약속,
삶에서 손을 잡는다는 건 신뢰의 표현이었다.

어느 날 저녁 남편이 손을 잡고 걷고 있는 노부부의 모습을 보며 말했다.
"할아버지랑 할머니가 손을 잡고 걸어갈 때 할머니 얼굴을 봐봐. 할머니 얼굴이 굉장히 편안해 보이셔. 할아버지가 잘해주시는 거야. 그러니까 저렇게 손을 잡고 다니시지. 우리도 내가 잘해주니까 이렇게 손잡고 다니는 거잖아."

영원히 걷는 속도가 안 맞을 것 같던 엄마와 아버지도 이제 속도를 맞추며 걷기 시작하셨다. 속도가 맞으니 내민 손을 잡을 수 있다. 영화 노트북에서 죽음을 앞둔 노아와 앨리는 한 침대에 나란히 누워 두 손을 꼭 잡은 채로 눈을 감는다. 삶에서 손을 잡는다는 건 결코 당신을 놓치지 않겠다는 사랑이다.

영혼은 사람이 항상 품고 있는 생각과 똑같은 종류의 것이 된다. 영혼은 생각에 의해 그 생각과 같은 색깔로 물들여지기 때문이다.

노부부가 서로의 온기를 느끼며 손을 맞잡은 모습은
눈 내린 백발을 빛이 나는 은발로,
패인 주름을 서로를 이해하는 깊이로,
굽은 등을 서로의 쉼이 되어주는 든든한 안식으로 만들며
우아한 품위를 선사한다.

* 명상록, 아우렐리우스, 육문사, 2015

"

부부가 손을 잡고 걷는다는 건
서로의 남은 계절을 잇는 생의 이음이었다.

사소하지만 큰 힘을 가진 말 한마디

아버지가 나이 드시면서 불면은 노화와 함께 일어나는 자연스러운 현상으로 녹아들었다. 우리 가족은 불면이라는 얼음의 속박에서 풀려난 강물처럼 자유롭게 서로를 휘감았다 다시 각자의 물결로 흐르기 시작했다. 한때 대단한 기세로 강물을 얼게 했던 불면은 이제 낡고 쇠약해져서 황량한 수면 아래로 물러갔다. 불면은 달아나면서 과거의 상처를 얼음 조각으로 남기고 싶어 했지만 우리는 얼음 조각에도 빛을 쪼여 다양한 색채를 가진 물빛으로 만들었다.

이제 아버지는 실버타운에서 돌아온 엄마를 위해 요리를 하신다. 매운 것을 전혀 못 먹는 엄마를 위해 야채를 쪄서 음식을 만드신다. 밤에 조각되는 어떠한 자극도 허용하지 않던 아버지가 그 예민한 감각으로 자극 없는 무해한 음식을 만들어 엄마에게 대접한다. 아버지는 평생 당신의 불면증으로 인해 가족들이 겪었을 고통을 부채감으로 가지고 살아오셨다. 우리가 아버지의 불면을 탓하지 않아도 아버지는 스스로 어둠과 빛을 드나들길 반복하셨다. 이제 아버지에게 필요한 건 사소하지만 큰 힘을 가진 따뜻한 말 한마디였다.

"고생 많으셨어요. 아버지는 우리 가족을 끝까지 지킨 가장이셨어요. 고맙습니다."

아버지는 따뜻한 언어로 짠 옷을 입고 마음의 겨울을 견디고 싶으셨을 것이다. 나는 아직도 입에서 맴도는 그 말을 차마 밖으로 꺼내지 못하고 생각 속으로 삼킨다.

엄마는 아버지가 행복의 문 앞에 섰을 때 문을 열기 위한 가장 중요한 열쇠를 쥐고 있었다. 그러다가도 기억의 소용돌이가 소음을 허용하지 않던 그 컴컴한 밤으로 데려다 놓으면 열쇠를 풀숲에 떨어뜨리곤 했다. 실버타운에 들어가기 전 엄마는 자꾸 과거로 돌아가는 마음 때문에 힘들어하셨다.

"엄마, 과거에 살지 말고 현재에 살아요."

'현재'를 등지고 서 있는 엄마를 돌려세우기 위해 에너지를 전했다. 과거의 시름을 품고 살면, 그 시름이 고통을 빚고, 고통은 현재의 기쁨을 무감각하게 만든다. 현재라는 길 위에서 만나는 행복의 문을 자주 열면 그 빛에 놀라 과거의 시름은 달아난다.

나는 아직도 아버지에게 사랑한다고 말하지 못했다. 안아드리지도 못했다. 드라마 '폭삭 속았수다.'에서 죽음이 가까워진 관식이 중환자실로 들어가는 모습을 보며 자식들은 오열한다. 그곳에 나를 데려다 놓으며 눈물을 흘리면서도 "사랑해요"라는 고작 네 글자를 말하는 낯섦과 오글거림의 껍질을 깨지 못했다. 지금 사랑한다는 마법의 단어를 말하지 못하면 끝내 그 말을 못 하고 아버지의 영혼이 육체를 떠난 후에야 하게 될지도 모른다. 긴 세월 동안 드문드문 구겨진 감정을 잘 펴서 정리하고 아버지께 전화를 드린다.

"아버지가 엄마 보살피느라 고생이 많으세요."

마음의 짐이 무거워 앞으로 나아가지 못했던 아버지의 나룻배가 이제는 앞으로 나아가길. 달빛과 바람을 등지고 가는 아버지의 배에 내가 순풍이 되어드리길 바라면서도 끝내 마법의 단어는 말하지 못했다. 허리 치료를 위해 한 달 동안 한방병원에 입원했던 엄마의 병원비를 입금해 드리니 아빠에게 문자가 왔다.

"고맙다. 딸아."

아버지가 들어야 하는 말을 아버지가 내게 해주셨다.

너무 서두르지 않기로 했다. 아버지를 이해했고, 사랑한다는 말을 하기로 결심했으니 이제 마지막 몸짓만 남았다. 열쇠를 손에 넣었고, 구멍에 넣어 돌렸으니 문을 열기만 하면 된다.

삶이 '찰나'라는 사실을 잊지 않기로 했다. 사랑한다는 말이 너무 늦어지지 않게.

자신과 살아있는 모든 것에 대한 단순한 친절이 모든 것 가운데 가장 강력한 변형력이다.

삶의 순간에 필요한 건 작지만 큰 힘을 가진 친절한 말 한마디였다.

---

* 의식혁명, 데이비드호킨스, 판미동, 2011

"

삶의 순간에 필요한 건 작지만 큰 힘을 가진 친절한 말 한마디였다.

의식에 따라 달라지는 삶의 날씨

어린 시절 나는 유난히 잘 넘어졌다. 엄마가 새로 사준 진 다홍 바지를 입고 신이 나서 친구들이 있는 공터로 가던 길이었다. 흥분한 마음에 골목을 내달리다가 그대로 넘어졌고 바지 무릎에 구멍이 났다. 찢어진 새 바지가 속상해 뜯어진 천을 만지고 또 만졌다. 뜯어진 천 너머로 상처 난 무릎이 보였다. 찢어진 바지가 아까워 아픈 것도 잊고 있다가 상처에서 피가 나는 걸 보고는 울음을 터뜨렸다.

살다 보면 상처 난 줄도 모르고 살 때가 있다. 그러다 우연한 계기로 상처를 인식하기 시작하면 통증이 밀려온다. 마치 '상처=아픔, 상처=고통'인 것처럼 스스로에게 고통을 주입시킨다.

미국의 한 소녀는 아버지에게 폭력을 당하면서도 학교에서 좋은 성적을 받고 교우관계도 원만했다. 그러던 어느 날 소녀는 '오프라 윈프리 쇼'에서 가정 폭력을 당한 사람들이 나와 트라우마로 힘들어하는 모습을 목도하게 된다. 그날 이후, 소녀는 급격한 스트레스를 호소했다. 성적은 급락

했고 교우관계에 어려움을 겪으며 급기야 등교를 거부했다.

소녀가 처한 환경은 스트레스를 느끼기 전과 하나도 달라진 게 없었다. 단지 소녀의 인식이 현재 상황을 상처로 받아들이자 고통이 따라왔다. 내가 무릎의 통증을 느끼지 못하다가 피를 발견하고 울음을 터뜨린 것과 마찬가지였다. 상처를 인식하지 않으면 고통의 크기는 작아진다. 내 무릎의 상처가 내가 알지 못하는 사이 지혈을 하고 새로운 조직과 피부를 재생시키듯 소녀의 상처도 자신이 인식하지 못하는 채 자신을 보호하고 있었던 것이다.

그런데 다른 사람들이 고통받는 모습을 보자 소녀를 지켜주던 의식은 약해졌고 그 틈을 타서 소녀의 감각과 감정이 고통을 집중적으로 느끼게 만들었다. 삶에도 엔트로피 법칙*은 똑같이 적용되어 의식을 붙잡지 않으면 분산되고 무질서해져 흐트러진다.

내 정신을 생산적인 활동에 집중하면 의식은 무질서해지지 않는다. 또렷해진 의식은 흩어진 공간을 부정적인 감정이 채우도록 허용하지 않는다.
20대에는 그림을 배우는데 집중했고,
30대에는 영어 회화 공부에 신이 났으며,
40대에는 장르 구분 없는 독서에 심취하다
50대에는 인문학 공부와 글쓰기에 몰입하고 있다.

배움에 집중하는 동안 내면의 바닥을 단단하게 다지게 되어 삶의 중심이

---

* 자연 현상은 항상 전체 엔트로피(무질서도)가 증가하는 방향으로 진행된다는 원리. (출처 : 구글 AI)

흔들리지 않게 되었다. 나를 바로 세우려고 의도하지 않았지만 내가 몰입했던 일들은 점이 되고, 선으로 연결되어 면을 만들면서 삶의 도형을 만들어 갔다. 나에게 집중하는 시간은 나를 세우는 의식의 시간이었다. 삶의 날씨는 자신이 처한 환경이 아니라 의식의 힘에 따라 달라지는 것이었다.

** *객관적인 면이 아무리 아름답고 훌륭해도 주관적인 면이 우둔하고 열등하면 마치 아름다운 경치를 나쁜 날씨 속에서 바라보는 것처럼, 혹은 상태가 나쁜 카메라의 렌즈를 통해 바라보는 것처럼 현실은 나쁜 상태로 보인다.*

** 인생론, 쇼펜하우어, 육문사, 2012

"

삶의 날씨는 자신이 처한 환경이 아니라 의식의 힘에 따라 달라진다.

파도를 견뎌낸 바위

엄마가 2년 간의 쉼을 끝내고 실버타운에서 집으로 돌아왔을 때 사소한 걱정이 손톱 아래 거스러미처럼 일어나기 시작했다.
허리가 굽은 엄마가 가파른 오르막길 끝에 있는 집을 오르내릴 수 있을까. 집안일을 하다 몸이 더 안 좋아지시는 건 아닐까.

내 마음도 가파른 오르막을 오르고 있었다. 그러다 새벽 독서가 나에게 준 인식의 전환으로 오르막에서 내려왔다. 두 분의 마음을 믿기로 했다. 매몰되었던 감정에서 걸어 나와 '의식의 눈'으로 상황을 객관적으로 보기 위해 노력했다. 감정에서 걸어 나온다는 건 과거의 인식 속에 두려움을 느끼며 도망가는 것이 아니라 바깥에서 전체를 관통하며 보는 것이었다.

두 분에 대한 믿음을 가지고 달라질 거라는 확신을 보여드렸다.
"엄마, 집에 가셔도 걷기 열심히 하실 거죠? 아버지에게도 늘 고맙다고 표현하시고요."
엄마에게 매일 전화를 드려 철학 공부에서 건져 올린 사고의 전환을 엄마께 전해드렸다. 과거의 경험과 기억으로 현재를 판단하려고 하는 인식을 의식적 사고로 바꾸는 방법을 하나씩 설명해 드렸다.

아픔이 있는 과거의 시선으로 현재를 보면 변화의 가능성이 없지만 변화의 가능성을 품은 현재의 시선으로 보면 달라 보일 거라고.
그것이 엄마를 행복하게 해줄 수 있는 유일한 것이라고.

우리의 인식은 과거의 기억에 의존하고 있어 과거의 인식으로 현재를 보면 강렬했던 아픔만 드러나 현재의 행복을 먹구름으로 가리고 볼 수밖에 없다. 아무리 밝은 해도 먹구름으로 가려져 있으면 빛을 보낼 수 없다.

엄마와 아버지의 행복을 바라는 마음은 나의 영혼을 통해 엄마의 영혼으로 전달됐다. 깊은 사랑은 어둠과 침묵을 깨고 결국 가야 할 곳에 닿았다.

"우리 딸이 그렇게 하라니까 해야지. 이런 좋은 얘기를 내가 어디 가서 듣겠노. 우리 딸이니까 엄마한테 해주지."
그렇게 엄마는 과거의 인식을 버리고 의식을 깨우기 시작하셨다. 아버지의 노력에 감사함을 표현하고 말투와 눈빛에 따뜻함을 담아내기 시작하셨다.

당신을 괴롭히는 어떤 일이 일어날 때는 언제나 "이것은 불행이 아니다. 이것을 훌륭하게 견디어 내는 것이 행복이다."라는 가르침을 기억하라.

---

* 명상록, 아우렐리우스, 육문사, 2017

아픔을 견뎌 마침내 현재의 기쁨으로 만드는 것이 삶이라는 것을 전 생애 동안 보여주셨다. 이제 두 분은 과거의 인식으로 현재를 판단하지 않고 과거의 기억으로 미래를 재단하지 않으신다. 현재 깨어난 영혼으로 행위를 만들며 생의 과정에서 서로를 마주 보고 계신다. 바위는 긴 세월 동안 깨지고 부서질지언정 그 자리에서 꿋꿋하게 버틴다. 바위만 그 자리에 있다면 파도는 언젠가 잠잠해지고 태양은 다시 빛난다.

"

바위는 긴 세월 동안 깨지고 부서질지언정

그 자리에서 꿋꿋하게 버틴다.

바위만 그 자리에 있다면

파도는 언젠가 잠잠해지고 태양은 다시 빛난다.

삶의 순간에 필요한 건
작지만 큰 힘을 가진 친절한 말 한마디였다.

단상 다섯 ,
시력을 넘어 시선으로

세상의 많은 사람들은 우리와 다른 생각과 행동을 한다. 때론 그 언행에 불편한 감정을 느낀다. '이해불가'의 명제를 지니고 상대를 바라보면 불편함의 강도는 더 높아진다. 상대를 바라보며 생기는 불편함은 아예 상대의 영역 속으로 들어갔을 때 의외로 없어지기도 한다.

가족이나 친한 친구와 갈등이 생겨도 막상 그 사람과 속마음을 터놓고 나면 경계의 벽이 무너지고 이해가 그 잔해를 치우는 경우다. 불편함을 피하고 싶은 마음은 자신과 비슷한 사람의 무리 속으로 들어가 그들의 얘기에만 귀 기울이고 그들의 일에만 눈을 돌려 관심을 표하게 만든다.

사람에 대한 기호를 안개처럼 점잖게 감추고 있다고 생각하지만, 안개 속에서도 태도는 보이고 감정은 전달된다. 그것은 다른 형태의 무관심이나 의도치 않은 무시로도 전달될 수도 있다. 나와 다른 결을 포용하려는 결심은 인간관계의 폭을 넓히려는 노력이 아니라 인간에 대한 이해의 폭을 넓히기 위한 일이다.

30년 넘게 원가족을 떠나 삶을 꾸리다 가끔 가족 모임을 하면 너무나 달라진 삶의 결에 놀라곤 한다. 같은 핏줄로 짜인 옷감인데도 옷감을 사용한 방식에 따라 옷감의 결은 완전히 달라졌다.

이해의 공간을 만들어 받아들이는 노력은 우리를 귀하고 가치 있게 한다. 그것은 원래 선한 인간의 본성에 가까워지는 일이다. 선에 가까워지는 노력을 방해하는 신은 없다.

이해는 인식의 창을 연다. 사람과 상황을 가려서 보는 인식의 창을 열어 결이 다른 사람의 말과 행동을 편견과 선입견 없이 받아들이는 것이다.

누구나 자기 안에 왕의 마음을 간직하고 있다. 자기는 마음대로 할 수 있기를 바라면서 자기가 당하는 것은 바라지 않는다. 세상이 나와 비슷한 사람만으로 이루어진다고 생각하는 건 항상 비위를 맞추는 신하와 함께 있으려는 왕의 마음이다.

왕의 마음으로 산다면 다른 사람의 말과 행동에 감정이 요동치는 감정의 노예가 될 수 있다. 왕의 마음은 불편한 감정의 부피를 팽창시켜 정신의 공간을 차지한다. 사람들은 그것을 스트레스라고 표현한다.

좋은 사람만 만나고 좋아하는 사람하고만 소통하려고 하는 건 내 삶을 통제하려는 생각이다. 나의 부모, 나의 가족이 항상 좋은 사람으로 내 곁에 있기를 바라는 것도 같은 생각이다. 어떤 부모를 가지던, 어떤 가족이 있던 그 속에서 나를 만들어가고 나를 찾아가는 건 내 몫이다. 아이를 독립시키지 못해서 힘든 거라면 아이를 마음에서 독립시키고 자신이 가족에게 많이 의지하고 있다면 자신을 독립시켜야 한다.

17년 동안 같은 학교에 근무하는 선배 교사가 있다. 그녀는 누구에게나 마음이 열려 있고 모든 사람을 편견 없이 대한다. 그래서 그녀 주변은 그녀와 이야기하고 싶어 하는 사람들로 북적인다. 나는 최근 그녀에게 결이 다른 사람을 어떻게 포용하는지 물었다.

그녀는 결이 비슷한 사람하고만 이야기해서는 이해의 폭을 넓힐 수 없다고 했다. 나와 다른 사람의 이야기에 귀 기울이는 건 다양한 가치를 알아가는 거라고 했다. 그녀의 시선은 단단하고 따뜻하다. 항상 약자와 소외된 자에게로 향한다.

결이 다른 삶을 향한 따뜻한 시선은 다름을 포용하는 존중과 균형을 갖게 한다. 결이 다른 옷감을 골라 삶을 지을 수 있는 안목과 능력을 가지게 한다. 시력으로는 찾아낼 수 없는 행복을 시선의 따뜻함으로 이해의 날실과 포용의 씨실을 교차시켜 하루하루의 삶에서 만들어간다. 시력만으로 세상을 보려고 하는 나를 깨고 시선으로 삶을 짓는 나를 만들어간다.

* 우리에게 화를 잘 내도록 하는 것은 무지가 아니면 오만, "사물에 대한 무지"인 것이다.

---

* 인생철학이야기, 세네카, 동서문화사, 2016

"

결이 다른 삶을 향한 따뜻한 시선은
다름을 포용하는 존중과 균형을 갖게 한다.

내 마음속 신대륙 발견

대학교 시절, 과 동기 하영이는 부모님, 언니와 함께 영어 학원 새벽반을 수강한다고 했다. 부모님과 함께 영어를 배운다니 나는 처음 문명을 접한 원시인처럼 멍해졌다.

부모님과 함께 영어 학원을 다닌다는 건 취미 생활을 즐길 경제적 여유가 있다는 말이고, 가족 모두 신체적 건강과 정서적 평온을 가지고 있다는 말이었다. 평소 하영이에게 느껴지던 차분한 안정감은 배움으로 새벽을 여는 집안 분위기에서 나왔을 게 분명했다.

부러움을 넘어선 미세한 전율이었다. 내 소망은 그저 아버지가 불면증에서 벗어나는 것과 그로 인한 부모님의 다툼의 불씨가 꺼지는 것이었다. 좋아하는 것을 함께 향유하는 가족을 바라보며 안정감과 여유를 가진 가정을 만들고 싶다는 소망이 마음 속에 자라기 시작했다.

그날 이후로 안정감은 내가 가족을 만들 때 가장 추구하고 싶은 가치가 되었다. 남편과 5년이 넘는 연애 동안 예상치 못한 삶의 회오리에 놀라, 손을 놓칠 뻔했을 때도 가족에게 안정감을 줄 사람이라는 확신이 그의 곁에 머물게 했다. 하지만 결혼 생활의 안정감은 상대가 가진 것만으로는 완성되지 않는다는 사실을 부딪치고 깨지며 알았다. 나의 무의식에 숨겨진 불안과 예민함을 느낄 때 그것을 잘 활용할 수 있는 방법을 고민하기 시작했다.

남편의 내면에 쌓아 놓은 안정감마저 무너뜨리면 안 된다는 자각에 무의식의 빙하를 해수면 위로 꺼내 올렸다. 빙하를 깨며 내 인식을 부쉈고 스스로 정한 한계를 넘으려 애썼다. 책을 통해, 삶을 통해 나만의 집을 지을 수 있는 정신의 대지를 만들었다.

며칠 전 군대 간 아들이 수송 교육을 끝내서 수료식에 다녀오던 길이었다. 버스를 타고 먼 길까지 찾아와 준 아들의 친구에게 우리 차를 타고 가자고 권했다. 뒷좌석에 타고 있던 아들의 친구가 아들의 이야기를 들려준 건 그때였다.
"하늘이가 아빠처럼 살고 싶대요."
'아빠처럼 살고 싶다'에 담긴 긍정의 의미를 궁금해하는 우리를 보며 아이는 이야기를 이어갔다.
"아빠처럼 가족에게 사랑을 표현하고 베풀면서 살고 싶대요."

아들은 알고 있었을까.
사랑을 베풀기 위해선 마음의 안정감이 제일 중요하다는 것을.
온전한 사랑을 받아야 그 사랑을 듬뿍 떠서 나눌 수 있다는 것을.
내 마음속에 그 사람의 세상까지 들여야 한다는 것을.

'월든'의 저자 소로우는 스무 살이 되던 봄에 그의 '정신적 스승' 에머슨을 만났다. 에머슨의 집에서 2년을 함께 산 소로우는 안정감과 영혼을 키울 힘을 얻었다. 그 후, 에머슨의 땅에 통나무집을 짓고 위대한 명작 '월든'을 완성했다. 소로우에게 에머슨은 가족이자, 친구이자, 정신적 구원자였다. 아들도 소로우처럼 '정신적 스승'을 발견한 것이었으면 그래서 마음의 통나무집을 지을 땅을 발견한 것이라면 좋겠다.

* *그대의 눈을 안으로 돌려보라, 그러면 그대의 마음속에 여태껏 발견 못하던 천 개의 지역을 찾아내리라. 그곳을 답사하라. 그리고 자기 자신이라는 우주학의 전문가가 되라.*

* 월든, 헨리 데이빗 소로우, 현대지성, 2021

"

숨겨진 내면의 땅을 발견하여
자신만의 세계를 건설해 가는 과정이야말로
향유의 삶을 사는 것이다.

부드러움은 강한 내면의 위장

'부모님들은 훈련생들에게 내려와 계급장을 가슴에 달아 주라'는 방송을 들자마자 새하얀 양 떼에서 자신의 새끼 양을 찾기 위해 가족들은 연병장으로 내려갔다. 똑같은 군복을 입고 똑같은 베레모를 쓴 훈련병 틈에 아들의 작고 하얀 얼굴이 한눈에 들어왔다. 오른손에 계급장을 들고 연병장 오른쪽 4오 5열에 아들이 서 있다.

앞서간 남편이 아들의 가슴에 작대기 하나로 된 이병 계급장을 붙여 주었고 아들의 얼굴은 분홍빛으로 달아올랐다.
"우리 아들 고생했어."
아들을 꼭 안아 주었다. 아들이 나를 더 꽉 껴안았다.

이제 얼굴이 보고 싶어 팔을 풀려는데 아들은 나를 놓아줄 생각이 없었다. 아들의 등을 토닥여주며 한참을 꼭 껴안고 있었다. 아들의 팔에 힘이 풀렸을 때 아들의 얼굴을 보았다. 하얀 얼굴이 어느새 붉어져 눈물을 한가득 쏟아내고 있었다.

낯설고 힘든 경험을 끝냈을 때 엄마 목소리를 듣고, 엄마 얼굴을 보면 눈물이 난다. 나다움을 보여주지 못하는 긴장의 시간 뒤에 엄마의 목소리와 얼굴은 이제 일상으로 돌아왔다는 안도감을 준다. 억지로 잠가 놓았던 눈물 통이 열리며 쏟아져 내린다. 물통이 채워지면 물을 아래로 쏟는 워터파크의 초대형 물 바구니처럼 눈물을 콸콸 쏟게 만든다. 가득 찬 눈물 통을 들고 버티느라 경직됐던 근육이 한꺼번에 풀어진다.

아들의 눈물이 눈부셨다. 낯섦을 버티다 엄마를 보고서야 풀린 긴장감이, 엄마에게 풀어놓을 수 있는 편안함이 나란히 공존하고 있었다. 아들은 한동안 눈물을 그치지 못했다. 훈련 중간에 통화했을 때 보여줬던 씩씩함은 야심 차게 패배했다. 아들의 야심 찬 패배가 찬란했다.

부드러움은 강한 내면의 위장이다. 아들의 눈물은 강한 내면을 위장하기 위한 첫 시작이었다. 두려움에서 도망치지 않은 것, 낯섦을 직면한 것, 불편함을 이겨낸 것. 그 과정을 통해 강하게 부드러워질 것이다. 바위를 뚫고 올라온 야생화처럼. 바다 한복판에서 파도를 타는 서퍼처럼. 경직된 근육을 풀고 아들이 나에게 안겨 울었을 때 나는 벚꽃이 달린 수양벚꽃 나무의 가지가 되어 아들을 감싸안았다.

스무 살, 삶이 힘겹던 어느 날, 나는 혼자 극장으로 숨었다. 복잡함에서 벗어나기 위해, 세상에서 도망치기 위해 '초록 물고기' 간판을 달고 있는 극장으로 들어갔다. 주인공 막동이 공중 전화박스에서 처절한 죽음을 맞이하는 장면에서 눈물 통이 쏟아졌다. 그날 일상에서 멀리 도망치고 싶었던 나약한 영혼은 총에 맞은 막동과 함께 죽었다. 나는 눈물을 다 쏟아내고 나서야 그저 그런 평범한 하루처럼 집으로 돌아갔고 내 영혼은 조금 더 단단해졌다.

나의 스무 살은 나 홀로 약한 영혼을 떠나보냈지만, 아들은 내 품에서 강한 영혼을 맞았다. 그 순간을 함께 할 수 있다는 사실과 그 순간을 공유하는 우리 사이가 눈부셨다.
아들을 안은 순간, 스무 살 약했던 내 영혼은 다시 강해졌다.

신은 자신이 선택한 자를 결코 응석받이로 두지 않고 시련을 통해 단련시킨다. 선한 사람은 강하게 훈련시키고 그렇지 않은 사람은 나약한 채로 둔다.

---

* 인생 철학 이야기, 세네카, 동서문화사, 2016

"

부드러움은 강한 내면의 위장이다.
두려움에서 도망치지 않은 것,
낯섦을 직면한 것,
불편함을 이겨낸 것.
그 과정을 통해 강하게 부드러워질 것이다.

자연의 순리 앞에 낮아지다

얼마 전 마흔을 갓 넘긴 사촌 동생이 교통사고로 생사를 달리했다. 내 기억 속 사촌 동생은 아직도 열 살의 아이다. 한 여름날, 할아버지 집 거실에서 개구쟁이 동생은 해맑게 웃으며 놀고 있었다. 환한 웃음에 초승달로 변하던 그 아이의 눈을 나는 다시 바라보고 있었다.

고모에게 위로의 말을 차마 하지 못했다. 겪지 못한 이의 위로가 되레 상처가 될까 봐, 공감이 칼이 되어 마음을 벨 까봐, 어떤 말도 할 수 없었다. 쓰는 사람으로 산다고 말하면서 힘이 되는 말 한마디 찾지 못하는 내가 바보처럼 느껴졌다.

철학책을 읽으며 죽음에 대해 생각했다. 자연의 원소로 다시 돌아가는 과정으로 받아들이고 슬퍼하지 않으리라 다짐했다. 그런데 이렇게 가족을 갑자기 떠나보내는 것에 대해서는 구체적으로 생각해 보지 않았다.

참척의 고통을 당하고 글을 쓰며 슬픔을 극복하려 했던 박완서 작가는 에

세이 '나를 닮은 목소리로'에서 이렇게 말했다.

10년 전 참척을 당하고 가장 힘들었던 일은 '왜 하필 나에게 이런 일이 일어났을까?' 하는 원망을 도저히 지울 수 없는 거였다. 슬픔보다 더 견딜 수 없는 게 원망과 치욕감이었다. 그때 만난 어떤 수녀님이 이상하다는 듯이 나에게 질문을 던졌다. "왜 당신에게는 그런 일이 일어나면 안 된다고 생각하느냐?" 는 질문이었다. 그래, 내가 뭐관데 누구에게나 있을 수 있는 일을 나에게만은 절대로 그런 일이 일어나면 안 된다고 여긴 것일까. 그것이야말로 터무니없는 교만이 아니었을까.

왜 하필 나에게 이런 일이... 이 말을 가슴에 품고 살아간다면 순간, 순간이 못을 밟는 고통일 것이다. 장자는 이런 큰 고통과 슬픔에서 벗어나는 것을 '하늘님의 매닮에서 풀려나는 것'이라고 했다. 운명과 변화에 저항하지 않고 '때'를 편안히 맞아들일 때, 매달린 줄, 즉 자연이 여전히 우리를 붙들고 있어도 마음은 자유롭다는 것이다.

집착을 끊어낸 영혼은 삶과 죽음에 초연하고, 삶과 죽음에 초연한 마음은 감정에 자유롭다. 박완서 작가가 말한 '교만'과 장자가 말한 '매닮'에서 벗어난다면 삶과 죽음을 순리로 받아들일 수 있을까. 늘 나의 죽음은 두렵지 않고 순리로 받아들일 수 있겠다고 생각했다.

나의 죽음은 순리로 받아들일 수 있지만 가족의 죽음은 순리로 받아들일 수 없는 나를 바라본다. 모든 삶과 죽음이 나의 의지에 달려 있지 않고 자연의 관할 이라면 그냥 순리에 맡기는 것이 도리겠다.

삶과 죽음 앞에는 그저 순종한다.

사촌 동생이 사고가 난 후, 일주일간 뇌사상태에 빠졌을 때 고모는 엄마에게 아들이 한순간에 떠나지 않고 일주일 동안 자신의 곁에 머물러 주었으니, 아들의 얼굴을 한 번이라도 더 보기 위해 힘을 낸다고 하셨다. 아들의 마지막 일주일을 함께 하기 위해 병원으로 향하던 고모의 마음. 그 마음 앞에 나는 다시 한번 낮아졌다.

*죽음을 기억하며 산다는 것은 끊임없이 죽음을 생각한다는 뜻이 아니다. 늘 기쁨 속에 살면서 죽음이 찾아오는 순간을 준비한다는 뜻이다.

---

* 살아갈 날들을 위한 공부, 레프 톨스토이, 위즈덤하우스, 2025

"

집착을 끊어낸 영혼은 삶과 죽음에 초연하고,
삶과 죽음에 초연한 마음은 감정에 자유롭다.

사랑이란 초월적 동기

나도 아버지를 힘들게 하지는 않았을까.

글을 쓰는 중간에 한 번도 해본 적 없던 질문이 단단했던 인식의 틈을 가르고 튀어나왔다.

갈라진 인식이 내 사고를 깨뜨리기 전까지 내가 아버지에게 던졌을 아픈 말과 행동 가까이 다가가 본 적도 없었다. 아버지에게 전화가 오면 받지 못할 때가 있었다. 전화를 다시 해야 한다는 사실은 바쁘다는 핑계가 말갛게 지워 버렸다. 아버지는 종종 내게 긴 문자를 보내셨다.

엄마가 실버타운에 들어가면서부터 아버지와의 연락은 더 뜸해졌다. 엄마에게 묻는 안부가 여러 겹의 꽃잎이 되어 꽃을 피울 때 아버지를 향한 안부는 마른 낙엽이 되어 바람에 날려갔다.

연어는 좁은 강에서 헤엄치며 돌과 부딪힐 때마다 힘껏 몸을 비틀었다. 연어의 몸짓은 강물을 흔들었고 가라앉은 흙을 떠오르게 하여 물을 탁하게 만들었다. 흐려진 강물은 앞을 정확하게 보지 못하게 했다. 나는 내가 탁하게 해 놓은 강물에서 돌멩이를 탓하며 헤엄치기가 어려워졌다고 불평했다.

내게 각인된 인식을 바꾸는 건 연어가 산란을 위해 흐르는 물살을 거슬러 올라가는 일이었다. 치열하고 필사적이어야 했다. 사람과 삶에 대해 배우고 글로 쓰면서 인식을 거스를 준비를 했다.

이제 연어는 평온하게 헤엄치던 바다에서 강물을 향해 몸을 돌렸다. 방향을 바꿔 흘러오는 강물과 바위가 놓인 곳을 바라보았다. 바위도 자리를 지키느라 애쓰고 있었던 것이, 강물을 맑게 하느라 공을 들이고 있었던 것이 이제야 눈에 들어왔다.

불면의 밤에게,
할아버지에게,
사람들에게,
엄마에게,
나에게,
이해받지 못해 힘들어하는 아버지가 보였다. 아버지와 나는 서로 연결되어 있었고, 보이지 않는 감정의 끈으로 이어져 상처를 주고받고 있었다. 겹겹의 시간 동안 고통을 준 아버지의 상처를 낫게 할 온기를 가진 사람은 가족의 사랑으로 마음을 데운 나뿐이었다.

며칠 전 부모님을 뵈러 진해에 다녀왔다. 연락도 없이 갑자기 내려온 딸을 반갑게 맞아 주셨다. 셋이 함께 선 바닷가 산책로에서 엄마는 바닷바람이 상쾌하다며 들꽃처럼 웃으셨다. 딸과 함께 밥을 먹어 기분이 정말 좋다는 아버지께 말씀드렸다.

"아버지한테 아직 사랑한다는 말을 못했어요. 아버지, 사랑합니다."
"나도 사랑한다. 우리 딸은 내가 세상에서 제일 사랑하는 사람이다."
아버지는 내게 사랑한다는 말을 듣자마자 더 큰 사랑을 표현해 주셨다. 어릴 때부터 들어 온 말이었지만 내가 사랑한다고 말한 다음에 듣는 사랑의 말은 더 가슴 깊이 와 닿았다. 사랑은 함께 표현해야만 더 깊이 스며드는 것이었다.

사랑이란 개인이 성숙하기 위한, 내면에서 어떤 존재가 되기 위한, 세계가 되기 위한, 곁에 있는 사람을 감싸는 하나의 세상이 되기 위한 초월적 동기입니다.

공항에서 아버지와 헤어질 때 처음으로 아버지에게 다가가 아버지의 크지만 작은 품을 안아드렸다. 죽을 때까지 하지 못할 것 같은 언어와 몸짓을 했다. 그날 나는 강물을 거스른 연어가 되어 아버지에게로 높이 뛰어올랐다. 나와 연결된 아버지의 마음을 어루만져주었다. 사랑은 서로를 감싸고 서로에게 행복한 세계를 선사하는 가장 초월적인 방법이었다.

---

* 젊은 시인에게 보내는 편지, 라이너 마리아 릴케, 디자인이음, 2020

"

사랑은
서로를 감싸고
서로에게 행복한 세계를 선사하는
가장 초월적인 방법이다.

선산을 지키는 등 굽은 나무

고등학교 시절 오빠는 사춘기를 혹독하게 앓았다. 아버지의 불면증으로 인한 건조한 모래바람을 맞고 자라는 선인장처럼 가시를 세웠다. 오빠는 공부의 목적을 잃고 방황했고, 학교에서 종종 전화가 왔다.

어느 날 소풍을 다녀온 오후였다. 엄마와의 평화로운 오후, 적막을 깨는 전화벨 소리가 울렸다. 엄마는 전화를 받더니 "네... 네..." 하는 대답만 조용히 반복했다. 엄마의 "네." 목소리 하나로도 나는 엄마의 기분을 짐작할 수 있었다. 엄마의 대답은 시든 꽃잎처럼 생기가 빠져나가 있었다. 엄마는 조용히 수화기를 내려놓고 다시 내 앞으로 와서 앉았다.
"엄마 무슨 일인데?"
나의 물음에 엄마는 짧게 대답했다.
"오빠가 학교에서 사고 쳐서 정학을 받았단다."

이마를 짚는 엄마의 손끝이 파르르 떨렸다. 엄마는 어린 딸에게 최대한 침착한 모습을 보여주고 싶었겠지만 솔직한 엄마의 손가락은 출렁이는 감정을 그대로 전달하고 있었다. 정학을 받고 집에 있으면서 엄마의 눈엣가시이자 스스로 뾰족한 가시를 뱉어내던 오빠가 또 일을 냈다. 아버지와 오빠의 갈등이 불꽃처럼 터진 날, 오빠는 주먹으로 벽을 있는 힘껏 쳤다. 초등학생이었던 나는 오빠와 아버지의 극한 감정의 대립이 끝나기만을 기다렸다. 오빠의 마음이 다쳤는지 보이지 않았지만, 오빠는 한동안 손을 잡고 자리에서 일어나지 못했다.

움츠리고 싶은 마음을 손에 투영해 손을 움직이지 못하게 만든 오빠는 그렇게 주먹에게 온 힘을 다해 고통의 순간을 주었다. 손을 다친 다음 날 아침 일찍 오빠는 엄마와 함께 시내 정형외과로 갔다. 버스를 15분쯤 타고 나가 시내에 있는 정형외과에서 치료를 마치고 나오는 길에 엄마는 반가운 사기꾼들을 만났다.

얼마 전 엄마에게 몸에 좋은 약초라고 속이고 3만 원이라는 당시에는 큰돈을 받고 판 2인 1조의 사기단이었다. 아줌마가 판을 깔아 약초 뿌리를 펼쳐 놓고 손님이 와서 관심을 보이면 아저씨가 바람을 잡는 식이었다.

지나가던 사람이 관심을 보이면 아저씨는 본인도 먹어봤는데 효과가 좋았다며 먹이를 문 맹수처럼 집요하게 나름의 작전을 수행했다. 엄마는 단번에 그들의 얼굴을 알아봤다. 슬쩍 옆으로 가서 그들이 하는 말을 들었다. 엄마에게 하던 것과 똑같은 수법으로 관심을 보이는 아줌마의 돈을 먹잇감으로 삼고 있었다.

엄마가 이들에게 산 약초를 삶았을 때 코끝을 찌르는 냄새와 물에 베어져 나오는 색깔로 그것이 약초가 아님을 직감했다. 엄마는 약초를 잘 아는 동네 아저씨에게 의뭉스러운 약초를 보여주었고 독성이 있는 잡초 같으니 당장 버리라는 예상된 답변을 들었다. 사기꾼에 대한 원망보다 그들에게 속아 돈을 날렸다는 자책 때문에 아버지에게 말도 못 하고 물 없이 계란 두 개를 먹은 사람처럼 답답한 마음만 삼키고 있었는데, 그날 아침 일당들을 목전에서 마주친 것이다.

"아들아, 저기 저 사람들이 나한테 사기 친 사람들이다."

그 말을 들은 오빠는 계획한 일을 처리하는 형사처럼 엄마에게 한 마디만 툭 던지고 그들에게 성큼성큼 걸어갔다.

"저 사기꾼들 가만두면 안 되겠네."

한쪽 팔에 깁스까지 한 오빠에게 어디서 그런 용기가 났는지 약초를 팔고 있는 아줌마 앞에 가서 말했다.

"이 사람들 우리 엄마한테 사기 치더니 여기서 또 이러고 있네. 우리 아버지가 형사라서 주말에도 출근했으니까 지금 전화하면 바로 옵니더. 엄마, 아버지한테 전화하이소. 지금 여기로 바로 오라고."

엄마는 아들의 당당함에 놀란 기색을 숨기고 전화를 하러 가야겠다고 그들에게 으름장을 놓았다.

"요 돈 있습니더."

약초를 팔던 아주머니는 형사 이야기가 나오자마자 주머니에서 만 원짜리 몇 개를 황급히 꺼내 엄마 앞에 내밀었다. 그리곤 진짜 형사에게 쫓기는 도둑처럼 펼쳤던 약초를 황급히 챙겨 짐을 싸기 시작했다.

돈을 받은 엄마와 오빠는 그들이 떠나는 걸 보기도 전에 집으로 향하는 택시를 탔다. 죄지은 것도 없는데 엄마는 집으로 오는 내내 가슴이 두 방망이질을 치고 겁이 났다고 했다. 그날 집으로 돌아온 엄마는 전쟁에서 약탈당했던 보물을 다시 찾아온 장수처럼 무용담을 늘어놓았다. 엄마의 무용담에서 오빠는 전쟁을 승리로 이끈 영웅이었다.

오빠의 배짱은 그들에게 위협이 되었고, 세상을 향한 담력은 그들 앞에서 용맹한 기개가 되었다. 그날 오빠의 배짱과 담력은 쓸모 있고 유익했다. 엄마는 아들의 듬직한 면모를 발견한 것도 좋았지만 냉가슴만 앓게 했던 돈을 찾았다는 사실에 정말 행복해 보였다.

오빠는 불의를 보고 참지 않았고, 그날 일 때문인지는 모르겠지만 진짜 형사가 되겠다고 선언했다. 대학을 졸업하고 나서는 '경찰'이라는 혈서까지 쓰며 경찰 시험을 준비했다. 그러나 팔을 다쳤는데도 사기꾼들 앞에서 몸을 사리지 않는 오빠의 찬란한 객기를 걱정한 아버지의 만류 덕분에 지금은 공무원으로 성실하게 살고 있다.

오빠는 아버지 덕분에 불의를 참지 않게 되었고 아버지 덕분에 불의에 대면하지 않고 살아가게 되었다. 그렇게 반항하던 오빠는 대학 시절부터 일찌감치 집을 떠나온 나와는 달리 지금까지 아버지 곁에 살며 두 분을 챙기고 있다.

오빠가 정학 처분을 받던 날 오빠의 담임 선생님은 이렇게 말씀하셨다.
"어머니, 등 굽은 나무가 선산을 지킵니더. 공부 잘하는 자식들은 다 떠나고 나중에 저 녀석이 남아서 효도할깁니더. 보이소."

엄마의 자랑스러운 자식은 나일 수 있지만 엄마를 보살피는 자식은 오빠였다. 선산을 지키는 등 굽은 나무는 제법 든든했다.

다이아몬드처럼 빛을 내기 위해서는 갈라져야 한다. 그것의 표면은 내부의 빛에 이르는 창문이다.

치열했던 나무 껍질의 갈라짐은 이제 갈라진 각도마다 빛을 반사하며 부모님께 빛을 전달하고 있다. 삶에서 힘든 갈라짐을 겪는 일은 생의 가장 아름다운 빛을 만드는 일이었다.

* 소로우의 일기, 헨리 데이빗 소로우, 도솔, 2003

"

삶에서 힘든 갈라짐을 겪는 일은
생의 가장 아름다운 빛을 만드는 일이다.

부드러움은 강한 내면의 위장이다.
두려움에서 도망치지 않은 것,
낯섦을 직면한 것,
불편함을 이겨낸 것.
그 과정을 통해 강하게 부드러워질 것이다.

단상 여섯 ,
나는 선택하지 않는다.

흘러가는 대로 맡기고 마음이 이끄는 대로 행동한다. 무언가 마음에서 결정하고 나면 곧바로 행동한다. 할까 말까, 갈까 말까를 고민하는 것이 아니라 어느 순간 불현듯 하자, 가자는 마음이 들면 1분 안에 행동해 버리는 무모한 장수의 심리가 있다.

4월에 피는 벚꽃이 예쁜지, 7월에 피는 배롱나무꽃이 예쁜지를 묻는 물음에 답하는 것처럼 무엇을 선택하든 상관없는 일은 별로 개의치 않는다. 나의 인생에서 가장 큰 결정을 고르라면 배우자를 선택하는 일이었다. 배우자를 선택한다는 말에도 의미가 맞지 않는 부분이 있다.

어쩌면 혼자 편히 살 수 있는 기회를 버리고 함께 살아갈 각오를 하는 것이라면 혼자보다는 둘이 나아서 하는 마음으로 결정하면 안 될 일이었다. 한 사람을 만나고 이 사람과 평생 손을 잡고 산책하며 현재와 미래를 이야기할 수 있는지가 중요한 것이었다.

나의 결혼 결정은 모든 것을 이야기할 수 있고 그것을 이해해 줄 수 있는 사람을 만났다는 생각에서였다. 그것마저도 20대의 짧은 경험에서 나온 생각이니 끌리는 대로 행동했다고 말해도 되겠다.

선택에 대한 확신이 없을 때 사람들은 주로 누군가를 찾아가 묻는다. 친구를, 가족을, 멘토를, 역술인을 찾아간다. 다른 사람은 어떻게 생각하는지 그들의 선택이 궁금하기도 하고 내 마음이 기울어진 곳에 대한 확신을 받고 싶은 마음도 있다.

역술인에게 묻는 마음은 선택을 고민하기보다 누군가 결정해 주길 바라는 마음이다. 나보다 모든 상황을 빨리 파악하는 사람에게 선택을 맡기면서 선택에 당위성을 부여하고 선택의 결과에 자유로워지고 싶은 마음이다.

또는 앞으로 다가올 선택에 자유로워지고 싶은 마음에 먼 미래까지 끌어와 마음속으로 결정해 버리고 싶은 마음이 아닐까.

선택한다는 것 자체가 어떤 한 곳에 절대적으로 만족하지 못한다는 의미를 품고 있다. 선택에는 내 앞에 한 가지가 아니라 여러 가지가 있다는 걸 전제하고 있고 그중 하나를 가진다는 말이다.

나는 선택을 하지 않는다.
내가 원하는 유일한 것을 만나면 바로 뛰어 들어가 그곳에서 나만의 세계를 만든다.

새벽 독서를 하겠다고 결정하던 순간도 이것 아니면 안 되겠다는 생각이 불현듯 스치며 1분도 안 되어 결정했다. 지난 금요일, 부모님을 뵈러 갈 때도 새벽에 책을 읽다 갑자기 오늘이 아니면 안 되겠다는 생각에 곧바로 비행기표를 구해 부산으로 내려갔다. 그리고 아버지가 변하는 기적 같은 일을 만났다.

이걸 하고 저걸 하고, 이걸 선택하고 저걸 선택하고 미리 정하지 않는다. 그냥 그 시점에서 내 마음을 이끄는 세계로 들어가 그곳에서 산책하고 뛰어다니다 유영한다.

하지만 꿈이 있다. 내 마음을 이끄는 꿈을 위해 내가 벌인 일속에서 산다. 그 일을 해나가다 보면 나를 이끄는 유일한 무언가가 내면에서 떠오른다. 비눗방울 막대를 후 불었을 때처럼 작은 비눗방울이 여러 개가 나와 뭘 선택할지 망설이게 되는 것이 아니라 커다란 비눗방울 하나가 부풀어진다. 그리고 그 세계로 주저 없이 들어간다.

무엇을 하든 영혼의 목소리에 귀 기울일 때 영혼과 육체의 마음은 하나가 된다. 그 순간 선택은 필요치 않다. 그저 영혼의 목소리를 따른다.

* 우리 삶의 핵심은
자기 안에 사는 영혼과 어떤 관계를 맺었는지
그 영혼의 존재를 어떻게 인식했는지
영혼의 목소리를 얼마나 따랐는지에 있다.

_____

* 구도자에게 보낸 편지, 헨리 데이빗 소로우, 오래된미래, 2005

"

내가 원하는 유일한 것을 만나면
바로 뛰어 들어가 그곳에서 나만의 세계를 만든다.

아름다운 엉터리 계산

지난 어버이날 두 분을 뵙고 오고 나서 두 번의 보름달이 지났다. 주말 오후 나에게 전화를 한 엄마는 마침내 유니콘을 찾은 것처럼 신기함을 가득 담은 목소리로 말씀하셨다.

"아버지가 변했다."

엄마가 말하는 '변했다'라는 의미가 긍정임을 엄마의 말끝이 새의 지저귐처럼 입안에서 구를 때 느낄 수 있었다. 엄마가 아버지의 변화를 온전히 긍정하고 수용하는 일은 처음이었다.

"아버지 혼자서 집안일을 다한다. 내가 설거지하려고 하면 놔두라 하고. 내가 듣기 싫어하는 말은 아예 안 한다."

엄마가 실버타운에 들어가고 나서 처음엔 반찬을 사드시던 아버지가 한두 가지 요리를 하기 시작하셨다. 하지만 엄마와 아버지의 '1년간 홀로 생활' 뒤 합가는 서로에게 맞춰가는 시간이 필요했다. 공간과 시간을 다시 공유한다는 것은 새 신발을 신는 것처럼 불편하여 기어코 발에 물집이 생겨야 서로에게 길들여지고 익숙해지는 것이었다. 그 과정에서 물집이 덧나 두

분에게 또 다른 상처가 되지 않을까 걱정이 됐다.

또 다른 상처가 생기기 전에 두 분이 마음을 터놓을 기회를 만들어 드리고 싶었다. 어버이날을 맞아 비행기를 타고 진해로 내려갔다. 두 분을 모시고 해변 카페로 가서 이야기를 나눴고 아버지는 이제 엄마를 힘들게 하는 말은 하지 않겠다고 약속하셨다. 하지만 엄마는 아버지의 말을 믿지 않으셨다.

거부하고 방어하는 것도 결국 관심을 기울이고 몰두하는 것이 된다는 점을 간과해서는 안될 것이다.

저항하는 그 무언가의 끝에는 간절히 얻고 싶은 것이 있을지 모른다. 얻고 싶고 간절히 원한다면 먼저 그것에 대한 감정을 놓아 버리고 자유로워져야 한다.

아버지는 그간의 삶에서 엄마에게 신뢰를 얻지 못하셨다. 앞으로 잘하겠노라고 어음을 발행했지만 삶에서 부도 처리된 어음이 계속 쌓여 갔다. 아버지의 약속을 믿는 것은 현재의 삶이 엄마에게 주는 선물이었다. 엄마가 삶이 주는 선물을 받길 바랐다.

엄마는 결국 아버지를 향한 신뢰의 문을 여셨다. 상대에 대한 믿음을 가진 사람은 상대의 사소한 변화를 알아차리고 감사한다. 감사함으로 공명한 작은 변화는 큰 변화를 견인한다. 감사를 품은사람에게만 보이는 크고 작

---

* 몸은 알고 있다. 뤼디거 달케, 이지앤, 2006

은 기적의 순간이 일상에 널려있다.

두 분과 오후를 보내고 집으로 돌아오는 비행기에서 아버지의 문자를 받았다.
"이제 아빠가 다 참고, 엄마한테 잘할게. 걱정하지 마라."
그리고 두 달이 지났고 엄마는 아버지의 변화를 생생하게 지켜보셨다.
"그래서 내가 요즘 손도 까딱 안 한다니까."
엄마는 결코 피어나지 않으리라고 믿었던 아버지의 약속이 행위의 꽃으로 피어나 영원처럼 시들지 않는 것에 놀라고 있었다.

겨울밤 대나무처럼 곧고, 얼음장처럼 차가웠던 할아버지,
그런 할아버지 곁에서 익은 벼처럼 고개를 숙이며 살아야 했던 할머니,
쓴 시집살이와 아버지의 고통에 둘러싸여 들꽃처럼 스스로 살아남아야 했던 엄마,
불면의 마법에 걸려 당신이 본유한 선한 모습을 온전히 표현하지 못하고 살았던 아버지.

아버지는 집착의 껍질을 벗겨 본연의 세심함으로, 간섭의 껍데기를 깨서 원래의 자상함으로 본성을 환원시켰다. 산소로 녹슬었던 철이 다시 철과 산소로 분리되어 각자 유용한 자연의 일부로 환원되는 기적이 엄마 앞에서 일어났다. 삶의 기적 앞에서 엄마는 이제 엄마가 원하는 삶의 리듬으로 편안한 호흡을 할 수 있게 됐다.
아버지는 실버타운에서 나온 엄마를 위해, 엄마만을 위한 커스텀 실버타운을 만든 셈이다. 매일 따뜻한 식사를 만들어주는 요리사와 일을 관리해

주는 집사와 공원과 체조 교실에 차를 태워주는 기사까지 일인 다역을 오직 엄마를 위해 수행하신다.

엄마의 요리사, 집사, 운전기사, 그리고 진정한 기사도 정신의 흑기사가 되어주시는 아버지 덕분에 엄마는 매일 왕비로 다시 태어난다.
"아버지, 엄마가 요즘 아버지가 잘해주셔서 정말 좋아하세요. 어떻게 그렇게 변하신 거예요?"
"지금까지 내 위주로 살았으니 남은 생은 엄마를 위해 살려고 한다. 우리 딸이 바쁜데 내려와서 엄마, 아버지 중간에서 해결해 주려고 애쓰는 거 보면서 이제 우리 딸 고생 안 시켜야겠다고 생각했다."
아버지는 담담하게 말씀하셨다.

소중한 사람을 위하여 하루를 보내는 아버지의 마음은 그간의 고통을 견뎌준 엄마의 시간에 대한 경의를 담은 존중이었다.

** *사랑은 자신을 상대로 그리고 상대를 자신으로 바꾸기 때문이다. 사랑은 제한과 조건 없이 허락해 주는 것이다.*

엄마에게 대가를 바라지 않는 아버지의 헌신은 순수한 연민에서 비롯되었다. 「의식 혁명」의 저자 데이비드 호킨스는 그의 저서에서 *'연민 없이는 인간 노력에서 그 어떤 유의미한 것도 거의 성취되지 않는다.'* 라고 했다. 자신과 타인 모두를 향한 연민이야말로 관계를 변화시키고 치유시키는 힘의 원동력인 것이다.

** 몸은 알고 있다. 뤼디거 달케, 이지앤, 2006

하나를 줄 때 하나를 받을 생각이 없는 아름다운 엉터리 계산에 나는 감사할 뿐이다.

"

감사함으로 공명한 작은 변화는 큰 변화를 견인한다.
감사를 품은 사람에게만 보이는 크고 작은 기적의 순간이
일상에 널려있다.

아무도 해줄 수 없는 일을 한다는 것

우리 이야기를 담은 책을 출간할 거라고 엄마에게 이야기한 순간부터 엄마는 통화할 때마다 내게 책이 언제 나오냐고 물으셨다. 엄마의 마음은 이미 딸에게 책을 받은 그 순간에 도착해 있었다.

엄마에게 '나의 출간을 묻는 일'은 마음을 두드려 설렘의 소리를 듣는 일이었다. 생의 낯선 물건인 책을 이렇게 기다리게 될지 엄마는 아셨을까. 삶은 예측할 수도 없고 예측하는 대로 되는 것도 아니었다.

지금 노년기를 보내고 있는 부모님들은 자신의 몸집보다 더 큰 먹이를 구해 오는 개미처럼 감당하기 힘든 큰 짐을 짊어지며 사셨다. 하지만 그 삶이 자식에 의해 해석되는 건 또 다른 일이었다. 정호승 시인은 '인간은 누구나 시인이다'라고 했다. 사람은 누구나 시인이 되어 자신만의 삶의 시를 지으며 살아간다.

삶은 시와 같아서 모든 순간을 기억과 기록에 남기지 않는다.

어떤 순간의 말은 생략되고 어떤 순간의 느낌은 축약된다.

삶의 순간은 다양한 이유로 기억에 새겨져 삶의 시로 지어진다.

새겨진 삶의 언어는 읽는 사람의 시간과 공간에 따라 해석도 달라진다.

원망의 마음으로 썼던 시가 긴 세월이 지나 이해의 마음으로 읽히기도 하고 고통의 마음으로 썼던 시가 성장의 마음으로 읽히기도 한다.

집을 벗어나고 싶은 마음은 독립적인 사람이 되게 했고

아버지의 불면증을 지켜본 시선은 다른 사람의 아픔을 보는 사람이 되게 했다.

이제 나는 책을 쓰며 부모님이 쓴 삶을 읽어 주는 사람이 되었다.

원망을 이해로, 고통을 성장으로 읽어 드리려 한다. 정호승 시인의 '봄길'이라는 시를 좋아한다. 이제 두 분이 걸어가는 길을 절망에서 희망으로 바꾸는 삶, 걸어가는 길이 봄길이 되는 삶을 사셨으면 한다.

너무 고통스러워 고통이라는 시조차 쓸 수도 없이 멈춰버린 어느 날, 두 분은 그 자리에 쓰러지고도 또 매일매일 자신을 이기며 다시 일어나셨다. 그리고 끝없이 '봄길'을 걸어가셨다.

내 삶을 꾸리느라 부모님의 힘든 순간에 완전히 함께하지 못했지만, 내가 꾸린 가정 안에서 조금씩 행복을 쌓았다. 그 행복의 힘으로 두 분의 삶의 시를 짓기 위해 연필을 잡는다.

삶의 시 안에서 희로애락은 필수조건이고 읽는 시간에 따라 달라지는 마음은 충분조건이다. 나무 사이로 뿌려지는 햇살이 순간마다 달라지고, 바람에 흔들리는 나뭇잎의 움직임이 찰나마다 변하듯 삶의 햇살과 바람을 받아들이는 의미도 순간에 따라 달라진다.

*우리가 가진 생각이 우리 삶의 가장 중요한 사건입니다.
그 밖의 다른 것들은 단지 우리가 이곳에 머무는 동안 불어 가는 바람이 쓰는 일기에 불과합니다.
(중략)
아무도 해줄 수 없는 일을 스스로에게 해주십시오. 그 밖의 다른 일은 잊어버리십시오.

나밖에 할 수 없는 일의 가치는 결국 내가 해야 할 일로 안내하는 봄길을 만든다.
나는 아무도 해줄 수 없는 일, 두 분의 삶을 담은 이야기를 지어주는 일로 여름을 맞았다.

---

* 구도자에게 보낸 편지, 헨리 데이빗 소로우, 오래된미래, 2005

"

삶의 시 안에서 희로애락은 필수조건이고
읽는 시간에 따라 달라지는 마음은 충분조건이다.

싹 하나를 틔우고 나서

어머니는 삶의 고난 앞에서 여장부 같은 기개를 보이면서도 끝도 없이 헌신적인 분이셨다. 자식들에게는 하고 싶은 말을 다 해야 직성이 풀린다고 하시면서도 주변 사람들과의 충돌 앞에는 말을 아끼셨다. 배움은 짧으셨지만, 숫자에 관련된 계산이나 기억력은 그 나이 어르신이 갖기 어려운 총기를 지니셨다. 입체적인 성품의 어머니를 마주하며 이해의 시간보다 적응의 시간을 보내느라 분주했다. 세월이 흘러 어머니가 횡단한 삶을 알고 나서야 당신이 세운 세계를 이해하기 시작했다.

얼마 전 업무가 끝나고 핸드폰을 확인하니 어머니께 부재중 전화가 와있었다. 세월이 지나면서 우리 부부가 상의하지 않았지만, 암묵적으로 수행하게 된 규칙 같은 것이 있었다.
각자의 부모님께 자주 연락하기!
남편은 홀로 계신 어머니께 매일 전화를 드리고, 나는 엄마에게 자주 전화를 드린다.

자연스럽게 어머니와는 생신이나 특별한 일이 있을 때 위주로 통화를 하게 됐다. 그런데 업무 시간인 걸 알면서도 내게 전화하셨다는 건 뭔가 특별한 일이 있다는 말이었다. 퇴근하면서 어머니께 전화를 드렸다.

"어머니, 전화하셨어요?"

"어, 큰 며느리 책 냈더라."

"네, 어머니, 어떻게 아셨어요?"

공저 책을 출간하고 나서 아직 가족에게는 소식을 전하지 않고 카톡 프로필 사진에만 올려놓고 있었다.

"카톡에 올라와 있는 사진 봤다. 내가 사람들한테 우리 며느리 책 냈다고 자랑했다. 사람들이 며느리가 진짜 똑똑한가 보다 하더라. 내가 며느리는 잘 봤다. 우리 집에 이렇게 똑똑한 며느리가 들어오고. 책 쓰는 게 보통 일이가. 수고했다. 고생했다."

예상치 못한 어머니의 축하와 칭송은 마음속에 남아있던 얇은 경계의 막을 터뜨렸다. 경계가 사라질 때마다 기쁨은 내면을 충만하게 했다.

"감사해요. 어머니. 어머니가 그렇게 좋아해 주시니 저도 너무 기쁘네요."

어머니와 가슴 벅찬 통화를 끝내고 통화 종료 버튼을 누르기 전 어머니의 조용한 혼잣말이 들렸다.

"장하다."

그 순간 어머니가 나의 출간에 보내준 지지는 우리 사이의 심리적 간격을 연결하는 다리가 되었다. '출간'을 위해 깜깜한 새벽과 늦은 밤까지 책상 앞에서 글을 쓰던 시간이 보상과 보람의 꽃잎이 되어 흩날렸다.

그 후에도 어머니는 내가 공저한 책을 여러 번 반복해 읽으시며 누구보다 나의 창작활동을 자랑스러워해 주셨다.

순간 어머니의 꿈이 궁금해졌다. 학교에 가고 싶어도 동생을 돌보고 밭일을 하기 위해 배움을 포기해야 했던 어린 시절, 어머니는 어떤 꿈을 꾸셨을까. 일상의 통화 끝에 어머니께 물었다.
"어머니는 어떤 꿈을 가지셨어요?"
"나한테 꿈은 사치였지. 가난해서 못 배운 게 한이 되어 우리 아이들은 어떻게든 공부시키려고 열심히 살았다. 아이들은 많이 배우게 해주려고 안간힘을 썼지."

꿈이 사치였다는 어머니의 대답 끝에 어머니의 꿈이 보였다.
"어머니는 '배움'이라는 꿈을 꾸셨네요. 지금도 저보다 기억력이 좋으신데, 어머니가 학교를 제대로 다니셨으면 큰일을 하셨을 거예요."
배움의 미련이 가슴에 남아 있던 어머니의 품에 책이라는 배움의 열매가 배달되었으니 그리도 좋아하셨나 보다. 어머니는 내가 쓴 '배움'에 대한 글을 읽으시며 어머니가 평생 간직한 꿈을 읽으셨는지도 모르겠다.

*비록 수천 개 씨앗들이 썩어 없어진다 해도 수천 개가 심어지고 그 가운데에서 수백 개 씨앗이 싹을 트고 그 가운데 수십 개만이 자라나서 마침내 하나가 조상의 대를 잇는다. 만물은 그러한 계산된 낭비를 통해 드러낸다.

나에게 주어진 많은 역할을 해나가면서 책을 읽고 글 씨앗을 심다가 출간

---

* 자기신뢰 철학, 랄프 왈도 에머슨, 동서문화사, 2020

이라는 싹을 틔웠다. 싹 하나를 틔우기까지 심었던 수많은 글과 역할의 씨앗 그리고 앞으로 심을 씨앗까지, 나의 역할과 글도 '계산된 낭비'를 통해 세상에 드러난다.

내가 심은 씨앗이 누군가의 숨겨둔 소망일 수 있다는 생각이 마음에서 진동하며 더 큰 씨앗을 향해 공명했다. 어머니와의 히스토리(History)가 우리들의 허스토리(Her story)로 바뀌는 순간이었다.

"

내가 심은 씨앗이
누군가의 숨겨둔 꿈일 수 있다는 생각이 마음에서 진동하며
더 큰 씨앗을 향해 공명했다.

삶의 별자리를 잇다가

글을 쓰면서 별을 이었다. 내 마음을 글로 펼치고 이어 나만의 별자리를 만들어갔다. 아버지의 불면증 이야기를 쓰면서 이어진 별은 아버지를 더 깊이 이해하는 '이해의 별자리'가 되었다. 더 이상 별자리를 이을 별이 없다고 생각했을 때 새로운 이해의 별이 하나둘 생겨났다. 그 별은 더 밝고 광채를 가진 별이었다.

아버지는 별의 탄생처럼 딸의 탄생이 삶의 별자리를 만드는데 가장 중요한 '사건'이라고 하셨다. 찔러도 피 한 방울 나지 않을 것 같던 할아버지의 말씀에 무조건 복종 해야 했던 아버지의 무의식은 결혼과 동시에 억압되어 있던 마음속 화산을 폭발시켰다. 폭발한 화산의 용암은 검은 구름을 만들어 하늘을 가렸고 아버지 내면의 별은 빛을 잃어가기 시작했다.

아버지는 항상 내가 태어나던 날을 이야기하셨다. 그토록 원하던 딸이 태어나던 날의 환희를 떠올리셨다.
"그런데 니가 태어나고 참 좋았다. 너무 좋아서 만세를 불렀다. 니 보는 재미로 살았지. 니가 태어나고 마음을 붙이고 살았다."

아버지에게 딸의 출생은 희미해진 별빛을 밝히는 순간이었다. 어린 시절부터 한결같이 나에게 사랑을 표현하시던 아버지의 마음이 태산 같은 진심으로 다가왔다.

책을 쓰지 않았다면 절대 묻지 않았을 질문이었다. 아버지가 진짜 불면증에 걸린 이유가 뭔지. 어떻게 해서 불면증이란 놈에게 걸려들었는지.

아버지에게 할아버지는 얼마나 무서운 분이었을까.
아버지는 할아버지가 죽으라면 죽는시늉까지 해야 했다고 말씀하셨다. 초등학교 시절 나는 가족 신문에 할아버지가 바위를 들고 있는 그림을 그리고는 '우리 할아버지는 천하장사'라고 썼다. 열 살배기 어린 내 눈에도 할아버지의 위력이 보인 것이다. 아버지는 가장 잊히지 않는 기억을 꺼내 놓으셨다.

열일곱 살 무렵 아버지는 친구들과 동네 과수원에서 수박 서리를 했고 이에 분노한 할아버지는 아버지를 나무에 묶어 놓고 매질을 하셨다. 아버지는 결국 기절했고 할아버지의 매질은 그제야 끝이 났다. 언젠가 삼촌에게 들었던 말이 떠올랐다. 할아버지에게 맞지 않으려고 초인적인 힘을 발휘해서 담을 뛰어넘어 도망을 갔다고. 네 명의 삼촌들은 그렇게 도망을 갔고, 장남인 아버지는 매질을 견뎌내셨다.

그런 아픔의 시간을 견딘 아버지의 의식은 결혼 후, 무의식인 세계인 잠으로 빠지는 것을 거부했다. 아픈 무의식에 빠지는 것이 두려운 자아의 저

항이었을까.

불면증에 시달리는 사람은 우선 의식적으로 낮을 마감하는 법을 배워 익혀야 할 것이다.
그래야 밤과 밤의 법칙들에 완전히 순응할 수 있다. 그 외에도 무의식의 영역에 신경을 쓰는 것도 배워야 한다. 그래야 어디에서부터 불안이 생겨나는지 알아낼 수 있다.

아버지를 불면증으로 이끈 불안이 어디서부터 시작됐는지 알게 되는 순간이었다. 낮을 마감하지 못한 아버지의 밤은 평생토록 길었고 지금도 여전히 길다. 하지만 아버지는 젊은 시절처럼 예민하지 않고 그 시간을 보상이라도 하듯 연민으로 엄마를 바라본다.

글로 내 별자리를 만들려다 아버지의 삶을 만났다.

아버지는 자식에게 보여줄 수 없어 지금까지 가려 놓았던 삶의 단면을 잘라 나에게 보여주셨다. 아버지의 빛나는 별이었던 내가 아버지의 생의 이력을 글로 치유하며 별자리를 잇는다. 아버지가 그것을 나에게 보여줄 만큼 가까워졌다는 사실에, 내가 그것을 이해할 만큼 커졌다는 사실에 마음 깊이 감사했다.

---

* 몸은 알고 있다. 뤼디거 달케, 이지앤, 2006

"

글로
내 별자리를 만들려다
아버지의 삶을 만났다.

삶의 외상값

젊은 시절, 나는 생이라는 무대의 1막이 끝나고 2막의 커튼이 올라가면 배경이 바뀌어 있을거라 생각했다. 무대 배경은 교실이 아닌 제주의 바닷가 마을이었고, 국내가 아닌 스페인, 론다의 다리 위였다. 무대의 주인공인 나보다 무대의 배경을 아름답게 만들기 위해 바다와 육지를 오가고 한국과 유럽을 넘나드는 상상을 했다.

오늘 새벽 우연히 황인숙 시인의 시, '삶'을 만났다. 시인은 '왜 사는가?'라고 묻고 '외상값'으로 답했지만, 내 가슴엔 '어떻게 살아야 하는가?'의 물음에 대한 답으로 명징하게 내리쳤다.

외상값….
어릴 적 엄마 심부름으로 슈퍼에서 두부와 콩나물을 살 때 가게 아줌마에게 하던 말이었다.
"외상이요."
슈퍼 아줌마는 모나미 볼펜을 집어 들고 볼펜 똥이 여기저기 묻은 장부에서 '리인 엄마'라고 적힌 페이지를 찾아 두부, 콩나물 200원을 적었다.

삶에서 외상으로 받은 선물이 참 많다. 새벽 독서를 하며, 살면서 받기 힘든 선물을 받았다. 그것은 가족의 성장과 변화였다. 가족들이 스스로 성장하며 의미 있는 삶을 찾아가는 과정을 지켜보는 귀한 선물을 받았고, 지금도 받고 있다.

아들이 책을 읽으며 삶을 배워가는과정을,
딸이 감정을 해석하며 삶을 꾸려가는 모습을,
부모님이 감추었던 선한 본성을 꺼내 서로를 이해하고 배려하는 장면을
마주하는 선물을 받았다.

처음 선물을 받았을 때 뛸 듯이 기뻤고,
두 번째 선물을 받았을 때 마음 깊이 감사했고,
세 번째 선물을 받았을 때 기적 같은 선물의 무게를 느끼기 시작했다.

그리고 며칠 전 엄마의 전화를 받고
내가 받은 선물을,
외상으로 받은 삶의 기적을
갚아야 한다는 소명의 화살이 내 가슴에 꽂혔다.

엄마의 허리가 눈에 띄게 굽기 시작하건 5년 전부터였다. 엄마의 척추는 협착되어 떨어지지 않았고 엄마의 감각은 협착의 고통을 견디기 위해 허리를 조금씩 굽게 했다.

호수 공원에서 꼿꼿한 자세로 산책하시는 할머니의 뒷모습을 물끄러미 바라보곤 했다.

'우리 엄마보다 나이가 훨씬 많아 보이는 할머니도 저렇게 꼿꼿하게 잘 걸어 다니시는구나.'

어느새 할머니의 얼굴은 엄마로 변했고 그 곁에는 내가 서 있었다.

아버지 일과 중 가장 중요한 일이 엄마를 공원에 태워 주는 일이 된 지 두 달이 되던 날, 엄마에게 전화가 왔다.

"리인아, 엄마 허리가 펴졌다."

"정말요? 엄마 허리가 펴졌다고요?"

엄마는 늘 허리만 펴졌으면 좋겠다고 하셨는데 그 소원이 이루어졌다.

"허리 쭉 펴고, 팔도 흔들고 공원 한 바퀴 돌았다. 신이 나서 니한테 제일 먼저 전화했다."

"엄마, 역시 정신이에요. 정신이 강해지니까 몸도 강해지는 거예요."

이제 내 생의 2막에 아름다운 배경은 필요 없다. 무대 위에 함께 서 있는 사랑하는 가족이 내뿜는 기적의 빛이 눈 부셔 어떤 아름다운 배경도 대적할 수 없다.

내가 두 발 딛고 있어야 할 곳은 제주 바다도, 스페인 론다도 아니었다.

나는 감사와 기적이라는 삶의 외상값을 갚기 위해 계속 글을 쓰고 가능한 오래 교단에 서 있어야 했다.

학생들에게 따뜻한 미소와 사랑을 전하고,

초등학생들의 정신을 바로 세우기 위한 책을 쓰고,

청년들을 위한 인문학책을 써서 내가 받은 빛을 나누어야 했다.

생의 선물은 내가 꼭 갚아야 할 외상값이다. 그리 대단한 일 한 것 없는 인생에 이만큼의 선물을 받았다면 갚아야 하는 것이 옳다. 어릴 적 구멍가게에서 외상을 달아 놓고 가지고 오던 물건이 현재라는 삶의 가게에서 내가 간절히 원하는 선물이 되어 내게로 왔다는 사실을 알게 된 이상 받은 선물은 나누어야 했다.

엄마가 외상값을 갚으러 가면 외상장부에 내 이름 밑으로 우리가 사간 물건이 빼곡히 적혀 있었다. 나는 엄마에게 물었다.
"가게 아줌마는 외상장부에 오빠 이름으로 안 적고 왜 내 이름으로 적었어?"
"리인이가 예뻐서 그랬겠지."
오늘에서야 그 이유를 알았다. 신이 나에게 생의 선물을 주었으니 감사와 기적의 외상값을 갚아야 할 사람도 나였다.

"외상값 갚으러 왔어요."
내게 기적을 준 신을 부르며 당당하게 신의 가게로 들어가는 날을 떠올린다. 그날에 서서 오늘 하루를 산다.

"

생의 선물은 내가 꼭 갚아야 할 외상값이다.
그리 대단한 일 한 것 없는 인생에 이만큼의 선물을 받았다면
갚아야 하는 것이 옳다.

내면으로의 여행

'월든'의 저자 소로우는 삶과 여행에 대해 이렇게 예찬합니다.
"여행자! 나는 이 말을 사랑하다. 여행자는 여행자라는 이유만으로도 존경받을 충분한 자격이 있다. 여행만큼 우리의 생을 상징하는 말은 없다. 개인의 역사란 결국 '어디'에서 '어디'를 향해 가는 것이 아닌가."

이 책을 쓴 몇 개월의 과정은 나의 내면에서 더 깊은 내면으로 떠난 여행이었습니다. 또한 부모님의 내면으로 떠난 여행이었습니다.
나의 삶과 부모님의 삶은 그 자체로 하나의 사건이었습니다. 감각을 깨워 사건을 징검다리 삼아 떠난 여행에서 제가 마주한 것은 젊은 부모님과 어린 나의 영혼이었습니다.

이 여행의 원래 목적은 내 글을 읽는 사람들에게 '나를 치유한 이야기'를 들려주는 것이었습니다. 상처로 인해 삶이 무거운 사람들에게 나를 바로 세운 이야기를 들려주며 용기를 주고 싶었습니다. 그런데 '브런치'에 글을 연재하면서 아버지와 같은 불면증을 가진 작가님들의 댓글로 아버지를 더 깊이 이해하는 계기가 됐습니다.

불면증을 제대로 경험해 본 적이 없는 나에게 작가님들의 생생한 증언은 불면증의 불안과 고통으로 인한 삶의 무게를 그대로 전달해 주었습니다. 아버지와의 심리적 거리 또한 좁혀 주었습니다.

삶을 이해하는 여행은 여기서 끝이 아니었습니다. 내가 쓴 글이 비영리단체의 누리집에 소개되면서 처음으로 엄마에게 글을 보여드렸는데 글을 읽으시고 엄마는 영혼의 언어를 찾은 것처럼 행복해하셨습니다. 글 속에 표현된 언어가 두 분이 말로 표현하지 못했던 복잡다단하고 고단한 삶을 표현해 주어 후련함을 느낀다고 하셨습니다. 그 후로 '내면으로의 여행'에 동참하신 두 분은 나와 함께 묵묵히 손을 잡고 걸으시며 서로에게 조금씩 연민과 사랑을 발견하기 시작하셨습니다.

책이 마무리될 때쯤 아버지는 '엄마를 위하는 삶'이 '당신을 위하는 삶'이라는 사실을 깨닫고 행위로 실천하셨습니다. 그리고 이렇게 말씀하셨습니다.

"내가 엄마에게 헌신하기로 한 마음은 우리 딸만 알아주면 된다. 그거면 된다"
사랑하는 딸에게 아버지가 그토록 듣고 싶어 했던 말, 엄마를 지키는 별이 되어주어 고맙다는 말을 이제는 벅차오르는 기쁨으로 들을 수 있게 되셨습니다.

내면으로의 여행을 떠나지 않았더라면 일어날 수 없는 일들을 만났습니다. 소로우의 말처럼 부모님도 '여행을 통해 가장 가까이 있는 자신의 영혼'을 만나셨을 겁니다. 저는 아버지의 생을 여행하는 동안 '아버지의 헌신적인 영혼'을 만났고 어머니의 삶을 여행하는 동안 '어머니의 사랑스러운 영혼'과 만났습니다.

대부분 식물의 뿌리에는 곰팡이들이 서식한다고 합니다. 곰팡이가 토양에서 인을 흡수하여 식물에게 전달하면 식물은 서식공간과 탄수화물을 제공합니다. 곰팡이가 있는 뿌리를 잘라내는 것이 아니라 곰팡이와 함께 살아가며 공진화하는 것이 더욱 가치 있는 것이라는 걸 깨닫게 됐습니다. 뿌리는 곰팡이가 주는 인이 없으면 살 수 없으니까요.

부모님은 내가 깊고 단단하게 뿌리 내릴 수 있도록 버텨준 굳건한 대지였습니다. 자식을 키우는 일은 자신이 가진 가장 맑고 건강한 피를 뽑아 자식에게 나눠 주며 서서히 늙어가는 일이란 것을, 이 책을 다 쓰고서야 비로소 깨달았습니다. 토양이 머금은 가장 맑은 지하수를 나눠준 덕분에 더 깊고, 넓게 뿌리 내릴 수 있었고, 진한 수액을 가진 한 그루의 나무로 자랄 수 있었습니다.

내가 자란 토양을 깊이 이해하려는 노력은 내 삶을 더 의미 있게 했습니다. 언제나 부드럽기만 한 생이 어디에 있을까요? 나무가 뿌리 내리고 있는 토양이 부드럽기도 하고 거칠기도 하듯 우리 생도 그러하지요. 세찬 바람과 장대비, 작열하는 태양까지, 내게 온 것 중 내가 성장하는데 필요하지 않은 것은 없었습니다. 그것을 고난과 고통으로 끝낼지, 성장을 위한 진통으로 만들지는 내 생각과 의지의 몫이었습니다.

삶의 아름다움은 그것을 느낄 수 있는 가슴이 있는 곳에 존재한다' 라는 소로우의 말을 떠올립니다. 삶의 아름다움을 느낄 수 있는 가슴을 가지게 해준 이 여정에 더없는 기쁨을 느낍니다. 이 이야기를 써야 할지 망설이는 저에게, 나만 가지고 있는 이야기는 써야 한다고 용기를 주시고 출간 과정 내내 도움을 주신 김주원 교수님, 글을 연재하는 동안 응원해 주신 새벽 독서 작가님들께 깊은 감사를 전합니다.

브런치에서 제 글을 읽어 주시고 응원해 주셨던 독자분들께도 마음 깊이 감사드립니다.
집에 오면 책상 앞에만 앉아 있던 나를 지지하고 응원해 준 든든한 남편과 사랑하는 아들, 딸에게 무한한 사랑과 고마움을 전합니다.

마지막으로 저의 탄생부터 지금까지 사랑으로 키워 주신 아버지와 어머니 께 이 책을 바칩니다.

〈 추천사 〉

산문으로 가장 아름다운 글은 글로는 다 표현할 수 없는 자연의 아름다움에 대해 이야기할 때이다. 또 그것만큼이나 아름다운 글은 우리가 한세상 더불어 사는 가족과 이웃과 나누는 마음에 대한 이야기일 것이다.

사람과 사람 사이는 서로 아무 일도 없고, 아무 관계가 없을 때조차도 오해로 상처와 아픔이 남을 수 있다. 우리가 쓰는 글 가운데 가장 어려운 글이 사람과 사람 사이에 생기는 여러 유형의 상처에 대해서이다. 가족은 서로 가장 좋을 때조차도 필연적이고도 혈연적으로 오해를 만들고 그것으로 상처를 만들고 또 함께 치유해 나간다. 타인이면 냉담할 수 있고, 상관 않을 수도 있지만 가족은 그럴 수 없다. 삶의 공동체고 아픔의 공동체이며 연민의 공동체이다.

나무의 상처는 땅 위에 자라난 줄기와 가지와 잎에만 있는 것이 아니다. 남에게는 보이지 않는 땅 밑으로 엉켜 있는 상처들도 있다. 어느 봄날 화분의 분갈이를 할 때 우리는 같은 나무의 뿌리조차도 다른 나무의 뿌리처럼 엉켜 있는 걸 볼 수 있다.

리인의 에세이 『삶의 모든 순간은 나를 위해 찾아온다』는 한 나무의 뿌리조차 서로 엉켜 있는 화분을 조심스럽게 분갈이하며 자신과 가족의 내면을 바라보며 그것을 아주 조심스럽게 어루만져 성장해 나가는 과정으로서의 글쓰기이다. 땅 위로 드러난 나무의 모습만이 아니라 말하기 전엔 아무도 볼 수 없는 화분 속 뿌리의 상처를 보여준다. 뿌리를 햇볕 아래 드러내는 일은 용기가 필요하며, 그 용기로 스스로 성장하며 새로운 세계를 향해 나아간다.

용기는 햇볕과 같다. 우리 스스로를 영글게 하고 성장시킨다. 이 책은 누군가에게 보내는 용기의 마중물이다.

『은비령』, 『아비의 잠』 – 이순원 소설가

삶의 모든 순간은 나를 위해 찾아온다

초판 1쇄 인쇄 : 2025년 11월 10일
초판 1쇄 발행 : 2025년 11월 12일

글 : 리인
그림 · 북디자인 : 정근아

출판사 : 건율원
출판등록 : 신고번호 제 2024-000026호
주소 : 경기도 양평군 청운면 청운삼성길 64-15
전화 : 010 9056 9736

ISBN: 979-11-989986-6-8 (03190)